季刊 考古学 166

ARCHAEOLOGY QUARTERLY

特集 DNAと考古学

カット／ダン・ヨシコ

ヤポネシアゲノムプロジェクト

斎藤成也　　　　　　　　　　　　　（➡本誌17頁）

ヤポネシアの10集団と東アジア大陸部の2集団のあいだの遺伝距離行列にもとづいた系統ネットワーク。a〜eのスプリットにより集団が分割されている。たとえばeは東北・オキナワ・奄美地方の3集団と他集団とに分割される。

プロジェクトで明らかとなった
ヤポネシアおよびその近隣の集団の系統ネットワーク

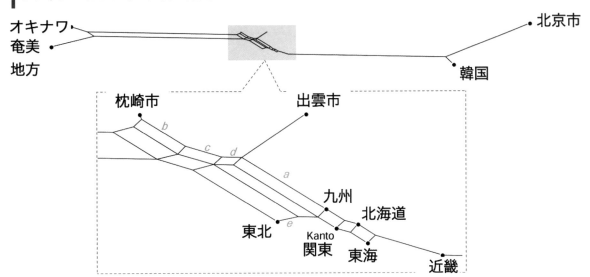

DNA分析と二重構造モデル

篠田謙一　　　　　　　　　　　　　（➡本誌20頁）

現代の日本人を含む東アジアの集団および縄文人と弥生人のSNP（ヒトゲノム中に存在する1塩基の違い）データを用いて、主成分分析により集団の関係を図式化した。核ゲノム分析は、日本人の成立が二重構造モデルが予測するよりもはるかに複雑なプロセスであることを明らかにしつつある。

アジア集団のもつ遺伝的な特徴

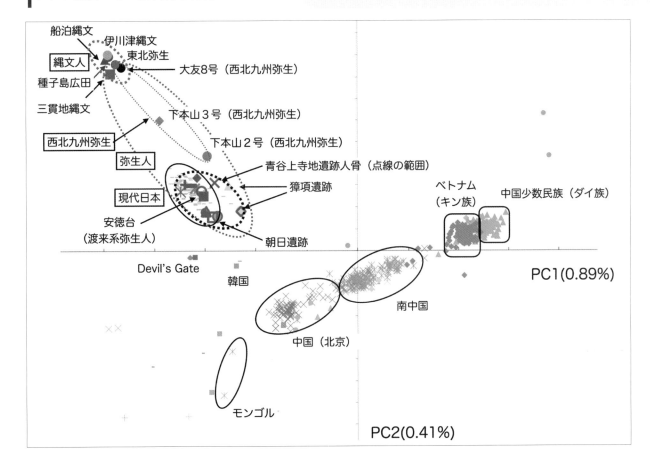

人骨の炭素14年代測定と食性分析

坂本　稔・瀧上　舞　　　　　　　　（➡本誌 25 頁）

（➡本誌 25 頁）

骨から無機成分や外来有機物を除去し，汚染のないコラーゲンのみを抽出して年代測定を実施する。写真右の白い綿菓子のような物質がコラーゲン。

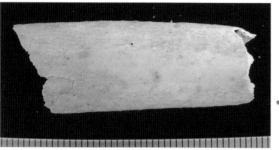

骨から抽出したコラーゲン

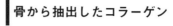

大池B遺跡出土の貝塚前期人

竹中正巳　　　　　　　　　　　　　（➡本誌 29 頁）

（➡本誌 29 頁）

大池B遺跡は宝島大池遺跡発掘調査班(班長：春成秀爾)によって発掘調査が行われた。箱式石棺墓1基から仰臥伸展位の熟年女性人骨1体が出土した。左前腕にはオオツタノハ製貝輪3個が着装されていた。人骨は年代測定の結果から紀元前14世紀から13世紀に属することがわかった。

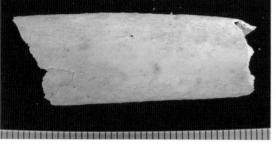

鹿児島県十島村宝島大池B遺跡の位置

吐噶喇列島

宝島

●大池B遺跡

1号石棺(左)と出土した1号人骨の頭蓋(下)

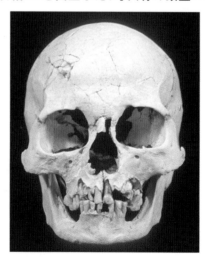

東ユーラシアの先史穀類農耕の発展とハツカネズミの帯同

鈴木　仁　　　　　　　　　　　　　　　（→本誌 33 頁）

日本産ハツカネズミ

一般的な日本産ハツカネズミは腹部は白色で，北部ユーラシア地域に生息するハツカネズミ亜種（*Mus musculus musculus*）の特徴を示す。稀に中国南部・東南アジアに分布する *Mus musculus castaneus* 型亜種の特徴である黒灰色の腹部をもつ個体も観察される。

弥生時代のアワ・キビの栽培史を DNA から探る

里村和浩　　　　　　　　　　　　　　　（→本誌 37 頁）

現生のアワ（左）とキビ（右）

（藤尾慎一郎氏提供）

雑穀アワ・キビは，大陸から日本に伝播し，弥生時代から広く栽培されていた。アワは九州から伝播したが，キビは北日本の伝播もあった可能性も考えられる。伝播には，日本列島の南北の環境に適応を伴う必要があった。

ゲノムから探るアズキの起源

内藤　健　　　　　　　　　　　（→本誌 40 頁）

ヤブツルアズキ（左）と現生アズキ（右）

縄文遺跡から出土する痕跡から，アズキの栽培化起源は日本列島かもしれないと考える考古学者が増えてきたようだ。根拠は，約 5 千年前からアズキの種子が大型化する傾向が見て取れることだ。だが，大きさの違いだけで十分な証拠と言えるのか。仮に不十分だったとして，他にどんな証拠があればいいのか。もしかしたら，現代のアズキに埋め込まれているゲノム情報からその答えが見つかるかもしれない。

縄文研究とDNA分析

山田康弘　　　　　　　　（➡本誌48頁）

愛知県田原市伊川津貝塚
2010年度調査区人骨の出土状況

2・3・5号人骨が見える。磨製石斧の副葬など，多くの埋葬属性が共通し，何らかの意味ある人間集団の埋葬地点と考えられ，ゲノムによる検証結果が期待される。

（田原市博物館所蔵）

｜朝日遺跡出土遠賀川系土器

（あいち朝日遺跡ミュージアム提供）

土器の系統と核ゲノム

藤尾慎一郎　　　　　　　（➡本誌52頁）

伊勢湾沿岸地域で水田稲作が始まった前6世紀ごろの遠賀川系土器である。知多半島を境に西側の遺跡で，主体を占めている。これまで在来の土器である条痕文系土器とは，生業や遺跡の立地を異にすると説明されてきたが，ヤポネシアゲノムプロジェクトの結果，使用していた人びとの核ゲノムも異にしている可能性がでてきた。

群馬県八束脛洞窟遺跡の在来（縄文）系弥生人

設楽博己ほか

　　　　（➡本誌56頁）

（群馬県立歴史博物館提供提供）

｜八束脛洞窟遺跡の発掘

八束脛洞窟遺跡は群馬県北部の山岳にある。今回分析した人骨を含めて焼けた人骨がおびただしく残されていた。弥生時代とはいいながら，縄文時代の伝統を強く引いた再葬制を担った人々の系譜がゲノム分析によって明らかになった。

鳥取県青谷上寺地遺跡にみる
弥生後期の集団像と社会的環境

濵田竜彦 (➡本誌 62 頁)

日本国内最古の結核症例人骨

SD38-2 から出土した土器

*一部に SD38-3
出土土器を含む。

青谷上寺地遺跡全景(上) と SD38-2 人骨出土状況(下)

弥生時代後期後葉に埋まった SD38-2 に散乱する人骨。
交連状態を失った約 5,300 点(周辺に散布していたものも
含む)の骨が出土した。大腿骨などの検討を通じて, 109
体以上の人の骨が混在していると推計されている。

(写真すべて鳥取県提供)

古墳時代の親族構造論とDNA分析

清家　章　　　　　（➡本誌66頁）

和歌山県田辺市磯間岩陰遺跡の現状

第1号石室1号人骨は中年の男性，2号人骨は3歳前後の男子。DNA分析により，祖父−孫，オジ−オイの可能性が示された。

第1号石室1号人骨（左）と2号人骨（右）

（写真すべて田辺市教育委員会提供）

DNA から探る古墳社会親族関係の一様相

谷畑美帆・神澤秀明　　　　　　　　　　（➡本誌 70 頁）

木更津市諏訪谷横穴墓群では，人骨全体としての保存状態が不良であるが，4号墓からは未成人個体を含め，10人程度の被葬者が確認できている（上図）。人骨のミトコンドリア DNA 分析では，DNA の一部領域を DNA 増幅し，パターンを調べることによって DNA のタイプ（ハプログループ）を判定する（下図）。

木更津市諏訪谷横穴墓群 4 号墓の出土状況

（木更津市教育委員会文化課提供）

木更津市諏訪谷横穴墓群出土人骨の DNA 分析（APLP法）

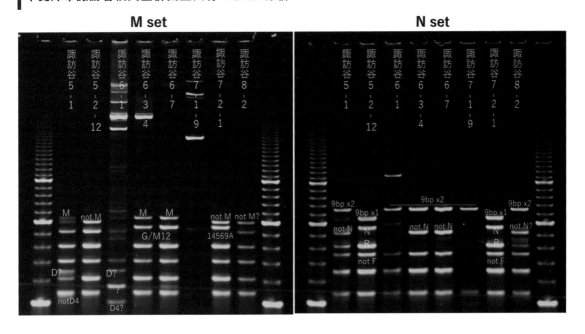

北海道船泊遺跡・縄文女性の復顔

神澤秀明　　（➡本誌80頁）

| 復顔された縄文女性

北海道・礼文島の船泊遺跡から出土した人骨の歯からDNAを抽出し，取得したゲノム情報の解析結果をもとにして復顔した，約3,800年前の40代と推定される縄文人女性。

（国立科学博物館提供）

鳥取県青谷上寺地遺跡・弥生男性の復顔

濵田竜彦　　（➡本誌78頁）

| 復顔された弥生男性（青谷上寺朗）

国内最古の脳が発見された男性の頭蓋骨をもとに制作したおよそ1,800年前の弥生人の復顔像。DNAの分析により，母系は渡来系，父系は縄文系のグループに属すること，髪の毛が太く，黒々としていたことが明らかになった。

（写真すべて鳥取県提供）

|「そっくりさんグランプリ」（左）**・出張展示会での記念撮影**（右）**の様子**

ARCHAEOLOGY QUARTERLY

季刊 考古学 *166*

DNAと考古学

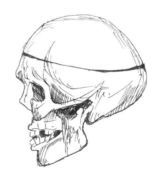

DNA分析は考古学研究に何をもたらすか？

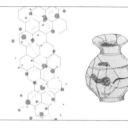

:::: 藤尾慎一郎　FUJIO Shin'ichiro
国立歴史民俗博物館教授

ヤポネシアゲノムプロジェクト5年間の成果

本特集は2018年から始まった文部科学省新学術領域研究(研究提案型)「ゲノム配列を核としたヤポネシア人の起源と成立の解明」(代表斎藤成也：国立遺伝学研究所教授)によって明らかになった，ヤポネシアの古人骨，動物，植物，言語の成果についてまとめたものである。

ヤポネシアとは民俗学者の島尾敏雄が，サハリン・北海道から沖縄までを含む，日本列島全体を指す用語として設定したものである。そこに住んだヤポネシア人や動・植物をも含めてDNA分析を行ったことから，通称，「ヤポネシアゲノムプロジェクト」とよんでいる。

日本人や日本文化の起源に関する研究は，過去にもいくつかあったが，ヤポネシアゲノムは，初めてDNA分析を中心に据えた研究プロジェクトである。

研究は，21世紀になって開発された次世代シーケンサーというDNAの塩基配列を自動的に読み取り解析する装置の登場によって初めて可能になった。

ヤポネシアゲノムは，考古学だけでなく，分子人類学(現代人，古人類のDNA分析)，古動物学，古植物学，言語学，統計学からなる学際研究であるが，こうした学際研究の難しさの一つが年代問題であった。

縄文，弥生，古墳時代といった日本の先史時代の年代のうち，とくに縄文時代と弥生時代の年代はこれまで短期編年をもとに行われてきた。

他の分野も炭素14年代にもとづく較正暦年代に依拠していたが，較正暦年代が縄文，弥生時代のいつに相当するかを考える際，短期編年を前提とした当時の年代観に依拠していたため，実際より新しく考える傾向にあった。たとえば，弥生開始期を前3世紀と考えたにもかかわらず，水田稲作が始まったのは，寒冷な時期であると考えられたことなどはその代表である。

しかし，21世紀に縄文・弥生長期編年が登場したことにより，縄文時代で約3,500年，弥生時代で約500年，上限年代が引き上げられ，先史時代を対象とする諸分野の年代が統一されることによって初めて学際的な研究が可能になった意味は大きい。

1　DNA分析の最前線

第1部では，ヤポネシアゲノムが対象とした人，動・植物に関するDNA分析の最前線を紹介しよう。

ヤポネシア人とともに日本の歴史を作ってきた動・植物のなかから，ネズミ返しの対象となったネズミ，縄文農耕論で主な作物と想定されてきたアワやキビ，そして，縄文人がヤブツルアズキという野生種からアズキをドメスティケーションしたという仮説は，DNA分析からどのように見えているのであろうか。

ヤポネシア人のDNA分析は，アイヌを除く現代日本人と，縄文・弥生・古墳，貝塚時代人，韓国新石器・三国時代の人骨を対象に行った。現代日本人は，最低三代にわたり同じ土地に暮らしてきた人が対象である。

1991年に提唱された埴原和郎の二重構造モデ

ルでは，縄文人の直系の子孫と韓半島からの渡来人が混血して，渡来系弥生人が成立すると説明する。篠田謙一は渡来系弥生人の核ゲノムと類似する核ゲノムをもつ渡来人が存在した可能性を明らかにした。これは混血しなくても渡来系弥生人が存在する可能性を意味している。

斎藤成也は，3,500年前にも中国沿岸部からの人の移住があったことを想定している。

水稲栽培がいつごろから始まったのかを動物から追求するために，穀類を主食とする住家性ハツカネズミに注目した鈴木仁は，もともと自然生息していたユーラシア西方から，穀類栽培の拡散とともに移動してきた動態を，考古学的事象と関連づけながら明らかにした。

里村和浩は，いわゆる縄文農耕論が想定する穀物として名高いアワは韓半島経由で九州に移入し，その後，北日本へ伝播したのに対し，キビは北日本と南日本で異なる系統が独立に伝播した可能性を示し，従来の説を再検討する必要性を説く。アワとキビはヤポネシアに移入後，日長や温度などに適応したことを示唆している。

縄文人のドメスティケーションとして，近年注目されているのがアズキである。考古学的には大きさを主な根拠としているが，DNA分析では色も重要な要素であることがわかった。内藤健は，全ゲノム解析の結果，縄文人が種子の肥大化と種子色の赤色化などの変異を伴うアズキ栽培品種の樹立を担い，それがアジア地域に広がったことを明らかにした。

ほかにも本書には載せていないが，国内外のゲノム解析により，ウルシは中国中央部を起源とし，中国東部を経由してヤポネシアに移入した可能性が高いことが明らかになっている。

2 DNA分析と考古学

第2部はDNA分析結果を考古学的にどのように活用するかである。縄文時代と古墳時代の親族構造を復元するためにDNA分析を利用する山田康弘，清家章，谷畑美帆の論考と，人の移動や集団の性格を証明するためにDNA分析結果を利用する設楽博己，藤尾慎一郎，設楽博己，濱田竜彦，木下尚子論文の2つに分けられる。

先史社会の集団構造や親族構造を復元する方法としては，これまで墓壙や頭位の向き，抜歯の違い，副葬品などをもとにした考古学的な方法から始まり，それに歯冠計測値や頭蓋小変異など，人骨の形質を加えて総合的に検討されてきた。

20世紀の終わりからミトコンドリアDNAや核ゲノムを利用して血縁関係を検証する方法が普及し，ヤポネシアゲノムでも，3世紀と6世紀の墓から見つかった人びとが兄弟や異母姉妹であったことを証明することができている。

長年，頭蓋小変異などの形質学的な特徴を中心に縄文時代の親族構造の解明を行ってきた山田康弘は，弥生早期併行の愛知県伊川津貝塚出土人骨を対象としたミトコンドリア分析と核ゲノム分析をふまえ，核家族や三世代程度の拡大家族に対応する事例は確認できないことを明らかにした。

長年，歯冠計測による親族関係の復元を行ってきた清家章は，自身の研究成果を自らDNA分析によって検証し，歯冠計測では明らかにできなかった異母姉妹などの復元に成功している。

谷畑美帆・神澤秀明も古墳時代の横穴出土人骨のDNA分析を行い，同じ横穴に葬られている一群はミトコンドリアDNA分析の結果，同じ母系にあること，隣接する横穴にもある程度の同系の母系を認めることができるものの，離れた横穴では少しずつ希釈になることを明らかにしている。

次に，これまで考古学においては人の移動を証明することが難しく，考古学者自身も人の移動に慎重な姿勢をとる傾向があった問題である。たとえば縄文人しかいなかった地域に，韓半島から核ゲノムがまったく異なる渡来人が入ってきていれば，核ゲノム分析で渡来人の移動・出現を直接証明できる。縄文人とはまったく異なる核ゲノムをもつ人びとが出現するからである。

藤尾は，縄文土器の流れをくむ条痕文系土器を使用する縄文人直系の在来系弥生人しかいなかった伊勢湾沿岸地域に，遠賀川系土器を使用する渡来系弥生人が入ってきた場合，それまで立地や生業を異にすると定義づけられていた在来系弥生人と渡来系弥生人は，核ゲノムも異にすることを明らかにした。つまり，土器の系統と核ゲノムは対応する場合がある。

設楽博己ほかも，再葬され，一部に焼けた痕のある前1世紀後半の群馬県八束脛洞窟出土の人骨が，在来系弥生人であるとの核ゲノム分析をうけて，同じ時期に環壕集落に住み水田稲作を行う人びとと住み分けしていたことを明らかにしている。

一遺跡で見つかった30数体の人骨の核ゲノム

分析の結果，2世紀後半の鳥取県青谷上寺地遺跡には，血縁関係の薄い集団が住んでいたことがわかった。濵田竜彦は倭国大乱の時期に，高度な木製品，鉄器，玉類，ガラス製品などを作っていた，血縁関係にない人びとが集まっていたむらであった可能性を示唆している。また新たにわかった結核罹患率の高さと大量の人骨に殺傷痕が認められることとは，何か関係があるのだろうか，大変興味深い。

木下尚子は，九州西北部を介した九州北部の渡来系弥生人と，琉球の貝塚後期人との貝輪素材の交易をめぐり，両者間に混血の痕跡は今のところまだはっきりとは出ていないが，グスク時代に向かって時期が下るにつれて，また地理的に北にゆくに従い，混血を示す傾向のあることを指摘した。

また，沖縄の貝塚時代前期の土器が，九州南部の縄文土器の影響を脱して，沖縄独自の土器を生み出す時期に相当する鹿児島県大池B遺跡出土人骨の形質人類学的調査を行った竹中正己は，核ゲノム分析の成果も含めて，後世に遺伝的影響を残すような混血は貝塚前期人と九州南部縄文人との間には認められないことを明らかにしている。

このようにDNA分析を用いることによって，これまで考古学や形質人類学では明らかにできなかった親族構造や，人の移動と混血，水田稲作民のむらと都市的集落の構成員にみられるゲノム構成の違いまで明らかにできるようになっている。

ただ，人骨が見つかる場合がそもそも少ない上に，数千年も土中に埋まっていたこともあって，古代人のDNAが断片的であることに変わりはない。そのため，ミトコンドリアDNA分析はできても，核ゲノム分析まで進められるのはごく一部に留まっている。

しかも忘れてはいけないのは清家もいうように，DNA分析は破壊分析であるという事実である。これは形質人類学者，とくに医学系の研究者にとってはとても抵抗のあることなのである。さらにDNA分析の試料であるコラーゲンが，もっともよく遺っている側頭骨からサンプリングすることは，形質人類学者が丹念に復元した頭蓋から側頭骨を外してしてしまうことを意味するため，私たちヤポネシアゲノムでは，完形に復元された頭骨の側頭骨を分析対象とはしてこなかった。

このあたり，今後，どのようにして形質人類学者との間で，折り合いをつけていくのかが課題である。

最後に人骨の保管を取り巻く深刻な問題にふれておきたい。

3　人骨の保管・保存と活用

発掘によって出土した古人骨は，形質人類学者が発掘現場で取り上げる。形質人類学者は大学に持ち帰り，一連の調査・分析後，発掘調査報告書に形質人類学のレポートを執筆してきた。

ところが，医学部内の学問動向を受けて解剖学教室がなくなりつつある傾向がここ20年あまり続いている。結果，古人骨の管理・保管が形質人類学以外の教員に委ねられることも多くなった。

そのため，形質人類学の研究者が自身の定年を機に，預かっていた古人骨を所有者である教育委員会に返却したり，または大学の組織改革を行うことによって，考古学研究者が古人骨の管理を行うことができるようにしたりして，改善が図られてきた。

所蔵者である教育委員会に人骨を返却できれば望ましいのだが，大量の人骨が出土する地域では，保管場所のこともあってそう簡単ではない。

こうした問題が起こるのは人骨が埋蔵文化財として法的に位置づけられているにもかかわらず，いわゆる考古資料とは扱いが異なることも原因の一つと考えられる。

こうした状況を改善しない限りは，最悪の場合，人骨の一部が行方不明になったり，状態が悪くなったりしてしまう危険性もあるので，関係部署には早急な対応をお願いしたい。

今後，技術の進歩とともに，古人骨のDNA分析はさらに精度を増し，10年後には，古代人が感染していたかもしれないウイルスのDNA分析も可能になってくるかもしれないと篠田謙一はいう。そうなれば，韓半島青銅器時代人が水田稲作を持ち込んだ際に，在来系弥生人が未知のウイルスに感染して，パンデミックが起きていた？ということも明らかになっているかもしれない。

5年間のヤポネシアゲノムプロジェクトの期間のうち，3年間も新型コロナウイルスの影響によって研究・調査を縮小せざるを得なかった私たちは，こうした事態をとくに切に思うのである。

ヤポネシアゲノムを引き継いで，2023年4月から始まった学術変革領域A「日本列島域における先史人類史の統合生物考古学的研究」（代表　山田康弘：東京都立大学教授）に期待したい。

DNA分析の最前線

最新のDNA分析から，ヤポネシア人の歴史解明にせまる

ヤポネシアゲノムプロジェクト／DNA分析と二重構造モデル／炭素14年代法でわかること／貝塚前期人のゲノム解析／東ユーラシアの先史穀類農耕の発展とハツカネズミの帯同／弥生時代のアワ・キビの栽培史をDNAから探る／ゲノムから探るアズキの起源／古代日本語の中のいくつかの人名・地名の語源

ヤポネシアゲノムプロジェクト

斎藤成也 SAITOU Naruya
国立遺伝学研究所特任教授

最新のゲノム研究に，考古学や言語学を加えた文理融合のあらたな研究領域から，日本列島人の起源と成立をさぐるプロジェクトの概要を紹介する

　われわれは，2018〜2022年度の5年間にわたり，文部科学省の新学術領域研究「ゲノム配列を核としたヤポネシア人の起源と成立の解明」(略称：ヤポネシアゲノム)を推進した。本稿では，このヤポネシアゲノムプロジェクトの全貌について，簡単に紹介する。私はこのプロジェクトの領域代表をつとめた。また，本プロジェクトのホームページはwww.yaponesian.orgであり，プロジェクトがおわった今も維持されている。

　「ヤポネシア」は，作家の島尾敏雄が1960年代に提唱したものである。日本列島をラテン語で表記したものの片仮名読みが，ヤポネシアだ。斎藤は，現在の日本国の範囲よりもすこし広く，樺太島と千島列島を含んで，琉球諸島までの地域をヤポネシアと定義した[1]。

　ヤポネシアゲノムプロジェクトには，6個の計画研究班が設定された。そのうちA01，A02，A03の3班は，それぞれ現代人ゲノム，古代人ゲノム，動植物ゲノムの塩基配列を実際に決定し，解析するものだ。一方，B01，B02，B03の3班は，それぞれ考古学，言語学，大規模ゲノム塩基配列にもとづく人口変動推定解析を担当した。

　A01班の班長は私，A02班の班長は篠田謙一(国立科学博物館研究調整役兼人類研究部・部長／現・

館長)，A03班の班長は鈴木仁(北海道大学地球環境科学研究院・教授／現・名誉教授)，B01班の班長は藤尾慎一郎(国立歴史民俗博物館・教授)，B02班の班長は遠藤光暁(青山学院大学経済学部・教授)，B03班の班長は長田直樹(北海道大学大学院情報科学系・准教授)だった。これら6人の班長に，B02班の班員だった木部暢子(国立国語研究所・副所長・教授／現・大学共同利用機関法人人間文化研究機構・機構長)を加えた7名が総括班を構成した(所属は当時。以下同)。

　計画班のほかに，2019〜2020年度に13班，

図1　季刊誌『Yaponesian』ゼロ巻ゼロ号

表1　ヤポネシアゲノムプロジェクト（所属は 2018 年発足当時）

斎藤成也	国立遺伝学研究所集団遺伝研究部門・教授	領域代表
計画研究 A01 班「現代人ゲノム配列解析にもとづくヤポネシア人進化の解明」		
斎藤成也	国立遺伝学研究所集団遺伝研究部門・教授	総括班・A01 班代表
井ノ上逸朗	国立遺伝学研究所人類遺伝研究室・教授	A01 班研究分担者
吉浦孝一郎	長崎大学原爆後障害医療研究所・教授	A01 班研究分担者
Timothy A. Jinam	国立遺伝学研究所ゲノム・進化研究系・助教	A01 班研究分担者
松波雅俊	琉球大学医学研究科先端医学研究センター・特命助教	A01 班研究分担者
鎌谷洋一郎	京都大学医学研究科附属ゲノム医学センター・准教授	A01 班研究協力者
計画研究 A02 班「古代人ゲノム配列解析にもとづくヤポネシア人進化の解明」		
篠田謙一	国立科学博物館研究調整役兼人類研究部・部長	総括班・A02 班代表
佐藤丈寛	金沢大学医薬保健研究域医学系 革新ゲノム情報学分野・助教	A02 班研究分担者
角田恒雄	山梨大学大学院総合研究部・助教	A02 班研究分担者
安達　登	山梨大学大学院総合研究部・教授	A02 班研究分担者
神澤秀明	国立科学博物館人類研究部・研究員	A02 班研究分担者
計画研究 A03 班「動植物ゲノム配列解析にもとづくヤポネシアへのヒトの移動の推定」		
鈴木仁	北海道大学地球環境科学研究院・教授	総括班・A03 班代表
伊藤　剛	農研機構高度解析センターゲノム情報大規模解析チーム・チーム長	A03 班研究分担者
遠藤俊徳	北海道大学情報科学研究科・教授	A03 班研究分担者
増田隆一	北海道大学理学研究院・教授	A03 班研究分担者
計画研究 B01 班「考古学データによるヤポネシア人の歴史の解明」		
藤尾慎一郎	国立歴史民俗博物館・教授	総括班・B01 班代表
木下尚子	熊本大学大学院人文社会科学研究部・教授	B01 班研究分担者
山田康弘	国立歴史民俗博物館・教授	B01 班研究分担者
清家　章	岡山大学社会文化科学研究科・教授	B01 班研究分担者
濵田竜彦	鳥取県地域づくり推進部文化財局・課長補佐	B01 班研究分担者
坂本　稔	国立歴史民俗博物館・教授	B01 班研究協力者
瀧上　舞	国立歴史民俗博物館・プロジェクト研究員	B01 班研究協力者
計画研究 B02 班「日本語と関連言語の比較解析によるヤポネシア人の歴史の解明」		
遠藤光暁	青山学院大学経済学部・教授	総括班・B02 班代表
木部暢子	国立国語研究所・副所長・教授	総括班・B02 班研究分担者
狩俣繁久	琉球大学島嶼地域科学研究所・教授	B02 班研究分担者
中川　裕	千葉大学文学部・教授	B02 班研究分担者
風間伸次郎	東京外国語大学総合国際学研究院・教授	B02 班研究分担者
計画研究 B03 班「ヤポネシア人の人口推定を中心とした巨大データ解析」		
長田直樹	北海道大学大学院情報科学研究科・准教授	総括班・B03 班代表
藤本明洋	京都大学大学院医学研究科・特定准教授	B03 班研究分担者
五條堀淳	総合研究大学院大学先導科学研究科・講師	B03 班研究分担者
河合洋介	東京大学大学院医学系研究科・特任助教	B03 班研究分担者

2021〜2022 年度に 21 班の公募班を設置した。表1 に，計画班と公募班に関係した研究者の名前を列挙した。研究代表者とは班長のことであり，研究分担者は研究費が支給される正規のメンバー，研究協力者とは，研究費は支給されないが，会議などへの参加ができる準メンバーである。本特集号の著者の大部分は，ヤポネシアゲノムプロジェ

クトのメンバーだった。

　本プロジェクトでは，一般の方にわれわれの研究成果を紹介することと，ヤポネシアのさまざまな側面を紹介をすることを目的として，季刊誌『Yaponesian』を刊行した(図1)。編集委員には，総括班 7 名のほかに，B02 班の班員だった木下尚子(熊本大学大学院・教授／現・名誉教授)が加わった

8名が就任した。すべての『Yaponesian』の号がPDFファイルとなっており，本プロジェクトのホームページからダウンロードできる。

　以下では，各計画研究班の研究成果をいくつか紹介したあと，公募研究のなかでめだった成果をあげたものを紹介する。

　計画研究A01班のTimothy Jinam（国立遺伝学研究所・助教）と斎藤成也は，計画研究B03班の河合洋介（東京大学大学院医学系研究科・特任助教）の協力を得て，A01班が収集した出雲市と枕崎市の人々のDNAデータを，理化学研究所が収集した日本全域の人々のDNAデータと比較した。その結果，斎藤[2]が提唱したヤマト人の「内なる二重構造」モデルが実際のDNAデータにあてはまることをしめした[3]。口絵は，この論文で発表したヤポネシアおよびその近隣の集団の系統ネットワークである。またジェネシスヘルスケア社から提供を受けた59,000人あまりのミトコンドリアDNAハプログループ情報を解析した結果も，ヤマト人の「内なる二重構造」モデルを支持していた[4]。

　計画研究A01班の松波雅俊（琉球大学医学研究科先端医学研究センター・特命助教）は公募研究の木村亮介（琉球大学医学研究科・准教授）らとともに，琉球列島宮古諸島における高精度集団遺伝構造と人口動態についての論文を，2021年に刊行した[5]。

　計画研究A02班，A03班，B01班，B02班の研究成果については，それぞれの班長である篠田謙一，鈴木仁，藤尾慎一郎，遠藤光暁が本特集号に寄稿している文章をご覧いただきたい。計画研究B03班の研究成果については，長田直樹と河合洋介が日本列島への人間の移住についていろいろなモデルを検討した論文を発表している[6]。そのほかの成果は，他の班の研究者との共同研究として発表されている。

　公募研究についても，木村亮介がA01班の松波雅俊やB03班の河合洋介らと協同で，オキナワ人のゲノム史について詳細な解析結果を2023年になって発表した[7]。また，大橋順（東京大学大学院理学系研究科・教授）らが，現代日本人に残る縄文人ゲノムの割合を各都道府県ごとに推定した論文を2023年発表した[8]。水野文月（東邦大学医学部・助教）は，B03班の五條堀淳（総合研究大学院大学先導科学研究科・講師）らとともに，旧石器時代の地層から発見された沖縄の港川人のミトコンドリアDNAゲノムを決定し，解析結果を2021年に

刊行した[9]。また，本特集号で公募研究に参加した内藤健がアズキのDNA解析について紹介している。

　このほか，斎藤が編集長をつとめているオンライン雑誌iDarwinに，ヤポネシアゲノムプロジェクトについての総説を2023年刊行した[10]。本プロジェクトに関係する日本語の書籍としては，斎藤成也が編集した著書が2冊刊行された[11,12]。

　以上，簡単だがヤポネシアゲノムプロジェクトの概要を示した。

註

1）　斎藤成也『核DNA解析でたどる日本人の源流』河出書房新社，2017

2）　斎藤成也『日本列島人の歴史』岩波ジュニア新書，2015

3）　Jinam T., *et al*. Genome-wide SNP data of Izumo and Makurazaki populations support inner-dual structure model for origin of Yamato people. *Journal of Human Genetics*, XX, 2021, pp.YY-ZZ

4）　Jinam T., *et al*. Modern human DNA analyses with special reference to the inner dual-structure model of Yaponesian. *Anthropological Science*, 129, 2021, pp.3-11

5）　Matsunami M., *et al*. Fine-scale genetic structure and demographic history in the Miyako Islands of the Ryukyu Archipelago. *Molecular Biology and Evolution*, 38, 2021, pp.2045-2056

6）　Osada N. and Kawai Y. Exploring models of human migration to the Japanese archipelago using genome-wide genetic data. *Anthropological Science*, 129, 2021, pp.45-58

7）　Koganebushi K., *et al*. Demographic history of Ryukyu islanders at the southern part of the Japanese Archipelago inferred from whole-genome resequencing data. *Journal of Human Genetics*, XX, 2023, pp.YY-ZZ

8）　Watanabe Y. and Ohashi J. Modern Japanese ancestry-derived variants reveal the formation process of the current Japanese regional gradations. *iScience*, 26, 2023, article 106130

9）　Mizuno F., *et al*. Population dynamics in the Japanese Archipelago since the Pleistocene revealed by the complete mitochondrial genome sequences. *Scientific Reports*, 11, 2021, article 12018

10）　Saitou N. Achievements of Yaponesian Genome Project FY2018-2022. *iDarwin*, 3, 2023, pp. 1-14.

11）　斎藤成也 編著『最新DNA研究が解き明かす。日本人の誕生』秀和システム，2020

12）　斎藤成也 編著『ゲノムでたどる古代の日本列島』東京書籍，2023

DNA分析と二重構造モデル

篠田謙一　SHINODA Ken-ichi

国立科学博物館館長

最新の古代 DNA 分析は，日本人形成過程の定説とされてきた二重構造モデルに再考を促した。今後，古代ゲノムデータによって新たなセオリーが構築されるだろう

埴原和郎の二重構造モデル（1991）[1]では，現代日本人は南方に起源をもつ基層集団である縄文人と，弥生時代以降に大陸から渡来した集団の混合によって形成されたと考えている。このモデルは多数の古人骨と現代人骨の形態データを用いて，多変量解析法を使って解析して導かれたもので，形質人類学の分野では現在に至るまで定説として受け入れられている。このモデルでは，日本列島における集団の時代的な形態変化と現代人の地域性を，縄文系の基層集団と弥生時代の渡来人の混合というひとつの視点でまとめていること，さらには縄文人はアジアの基層集団に由来し，渡来系弥生人は大陸で寒冷地適応によって形質を変化させた人びとの子孫であるとして，東アジアの集団の移動史の中に日本人の形成過程を位置付けていることに特徴がある（図1）。

一方で，この時代以降に定説となった「ホモ・サピエンスは 20 万年以上前のアフリカで誕生し，6 万年前以降に世界に拡散した」とする新人のアフリカ起源説との整合性に関する検討はできておらず，旧石器時代の東アジアにおけるホモ・サピエンスの展開が，二重構造モデルが仮定するような単純なものなのかは検証されていない。また資料的な制約から，旧石器時代から縄文時代にかけての集団の形成に言及しておらず，縄文人については列島全体として均一であると仮定するところからスタートしている。また，その後の日本列島内部での集団形成についての具体的な説明も欠いているため，二重構造モデルは，基本的には縄文人と弥生人の関係に関するセオリーに留まっている。

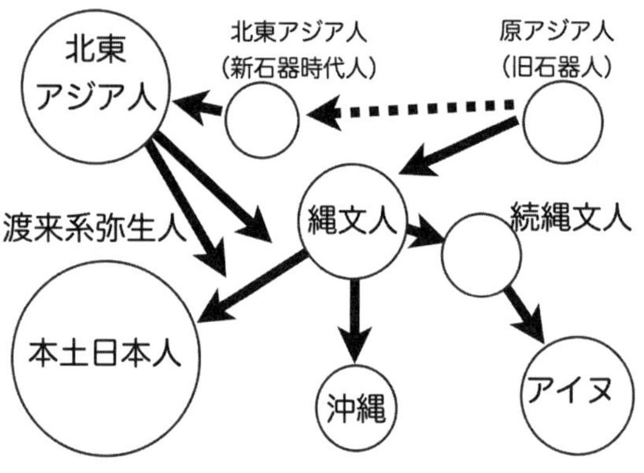

このモデルは発表からすでに 30 年以上が過ぎているが，この間にヒトゲノム研究はめざましい発展を遂げている。ヒトひとり分の全ゲノムが最初に解読されたのは 2003 年のことで，ヒトゲノム研究はそこから本格的にスタートした。ただしヒトの全ゲノムを解析することはこの時点でのテクノロジーでは容易ではなく，日本人の全ゲノムが初めて解析されたのは 2010 年のことになる。一方，この間の急速な DNA シークエンス技術の進歩によって古代人のゲノム解析も可能になり，2014 年にはネアンデルタール人の全ゲノムが現代人と同じレベルで解析されている[2]。古代人についても膨大な情報をもつ核ゲノムを分析することが可能となったことで，古代ゲノム研究が飛躍的に進むことになった。この分野を長年にわたって主導したスバンテ・ペーボに 2022 年のノーベル生理学・医学賞が与えられたことは記憶に新しい。

日本での古代 DNA の研究は，1989 年に宝来聡らが縄文人骨から DNA を抽出し，ミトコンドリア DNA の一部領域の配列データを報告したことに始まる[3]。二重構造モデルの論文発表が 1991 年なので，この時点では古代 DNA データによるこのモデルの検証はできなかった。しかしその後，世界の研究が進むと共に日本でも精度の高い古代ゲノムデータが得られるようになっている。そこで本稿では，現時点で利用できる古代ゲノムデータを用いて，二重構造モデルの妥当性やそれが現在でも通用するモデルであるかの検証を試みることにした。

図1　埴原の二重構造モデルの模式図

1 縄文人の起源と均一性について

2020 年以降，世界の各地で古代ゲノム研究が次々に発表され，地域集団の形成に関する大まかなシナリオが描かれるようになっている。ヨーロッパなどでは狩猟採集社会への農耕民の進出に続いて，金属器をもった牧畜民が展開することで現代人集団が完成すると考えられるようになっている[4]。これに対し東アジアでは，基本的には最初に東南アジアからの初期拡散によって狩猟採集集団が拡散して，それぞれの地域で特有の遺伝的な特徴をもつ集団として成立し，次に農耕の発達により，農耕民の拡散が起こり，それと在来集団の混合によって現在にいたる地域集団の遺伝的な特徴が形成されたと考えられている[5]。その際の混合は，在来集団の消滅を伴う完全な集団の置換から，在来集団が文化を取り入れて社会を変化させる場合まで，様々なパターンがあったことが古代ゲノム解析で明らかになりつつある。狩猟採集民の基層集団と農耕民の混合で現在の集団が完成するという二重構造モデルは，日本列島だけではなく，広く東アジアの集団に成り立つモデルだということになる。

縄文人の起源を追究する際に重要な情報を提供するこの初期拡散については，大陸側にほとんど古人骨データがなく，現状では 4 万年前の中国田園洞出土人骨のゲノムデータが唯一のものになる[6]。そのゲノムと比較すると，縄文人と共通する要素は半分程度なので，彼らが縄文人の直接の祖先とは考えにくく，現状では大陸で縄文人の祖先の足跡を追うことはできていない[7]。

旧石器時代の大陸でのヒトの動きには，いくつもの経路があったのだろう。図 2 に，旧石器時代に大陸を北上した集団が日本列島へ進入したと考えられるルートを示した。縄文人へと続く集団は，地理的な関係を考えれば大陸の沿岸地域に居住していたはずで，実際に現代人の中に縄文的な要素をもっている集団を探すと，日本人を除けば，台湾や中国の南部から，朝鮮半島，沿海州の集団に限られる[8]。そのことを考え合わせると，縄文人の祖先たちは大陸東端の沿岸部に居住しており，そこから列島に侵入して縄文人の祖先となったと推定される。

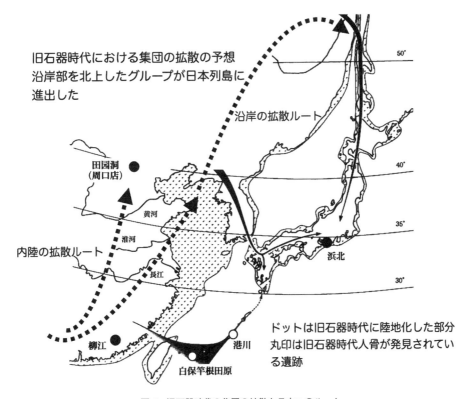

図2 旧石器時代の集団の拡散と日本へのルート

二重構造モデルでは縄文人の南方起源を想定するが，それはアフリカから拡散したホモ・サピエンスが東南アジアから北に向かったと考えれば当然だろう。ただし分析によっては，縄文人の中に部分的にはユーラシア大陸の北回りを予想させる遺伝的な要素があるとするゲノム解析結果もある。ゲノムによる解析が進んだことで，このモデルは縄文人の由来に関して単純化しすぎていることが明らかとなっている。

次に，縄文人の均一性について考えてみる。縄文人のもつミトコンドリア DNA の代表的なハプログループ（さかのぼると共通の祖先をもつグループ）は M7a と N9b で，この二つのハプログループは現代人の分布がほぼ日本列島内に限局していること，それぞれの成立年代が 3 〜 2 万年前にさかのぼることから，おそらく縄文時代よりも前の旧石器時代に日本列島に流入したもので，大陸に残った系統は消滅してしまったと考えられる[9]。双方のハプログループの分布を見ると，N9b の系統が東日本から北海道にかけての地域で多数を占めるのに対し，M7a の系統は西日本から琉球列島で卓越するという，東西の地域差が認められ，少なくとも母系に伝わるミトコンドリア DNA では，地域差は明確である。また M7a の系統解析からは，このハプログループが西日本から拡散していった状況も明らかになっており，形態学的な研究では捉えきれていない縄文人の集団形成のプロセスも明らかになりつつある。

核ゲノム解析でも，縄文の地域性が明らかになりつつある。琉球列島集団の遺伝的な多様性については，本号の木下の論考「貝交易の運搬人を追う―ゲノム解析を読み解くために―」（74頁）に記載がある。二重構造モデルが基盤とする「全国的に均一な縄文人」という概念は，ゲノムを読むことでより細かい分析が可能になった現在では，棄却すべき前提となりつつある。おそらく縄文時代に，基層集団（縄文人）が全国的に均一化するというプロセスはなく，遺伝的に緩やかに分化した集団が列島の南北に連なっていたと考えられる。

2　渡来系弥生人の起源について

渡来系弥生人の起源に関しては，最近の古代ゲノム研究では，大陸の稲作農耕民と雑穀農耕民が朝鮮半島に流入し，そこで在地の縄文系の遺伝子をもつ集団と混合することによって新たな地域集団が形成され，その中から生まれた集団（渡来系弥生人）が 3 千年前以降に日本列島に到達したというストーリーが提唱されている[10]。現状では，稲作の起源地である揚子江中流域の古代ゲノムデータがないので検証はできていないが，現時点で利用できる古代ゲノムデータからは，渡来系弥生人は 5 千年前の北東アジアの西遼河を中心とした地域の雑穀農耕民集団に起源すると考えられている。これは二重構造モデルが渡来系弥生人の源郷と予想する北東アジアと概ね一致している。また，彼らの寒冷地適応は，EDAR 遺伝子の大陸北東部での時代的な変化によって説明できる可能性があることが指摘されている[11]。

この遺伝子は，皮膚などの外胚葉組織の発達に重要な役割を果たすと考えられており，歯の形や毛髪の太さなどの顔面部の見た目を決めている。したがって，この遺伝子の違いは，これまで形態学的な研究から言われてきた，縄文人と渡来系弥生人の形質の違いを遺伝的に説明できる可能性がある。

3　縄文人と弥生人のゲノム解析から見えるもの

核ゲノムの分析は，形態学的な研究からは捉えることの難しい混血の程度までを明らかにすることができる。この研究が進んだことで浮かび上がってきたのは，日本人の成立は二重構造モデルが予測するよりもはるかに複雑なプロセスだという事実である。口絵の図は現代の日本人を含む東アジアの集団および縄文人と弥生人の SNP（ヒトゲノム中に存在する 1 塩基の違い）データを用いて，集団の関係を主成分分析という統計手法を用いて図式化したものである。図中の小さな点のひとつひとつが個人のもつゲノムを表している。この分析法は，膨大な SNP 情報を可視化する目的で，この分野ではよく用いられる統計学的な手法である。二次元に情報を集約するためにかなりの情報をそぎ落としてしまうが，集団間の関係について大まかな傾向を知ることができる。

図の下から斜め右上の方向に向かって，ユーラシア大陸東部の集団が北から南に並んでいる。これは大陸の現代人が，基本的には民族・言語

集団ごとに分化しているものの，地理的に近い集団のゲノムは互いによく似ていることを表している。これに対し，現代日本人はこの大陸集団から離れた部分に位置しており，その延長線上に縄文人がいる。また，北京の中国人と現代日本人の中間には韓国人が位置している。

縄文人の遺伝的な特徴は現代のアジア集団とは大きく異なっており，現代には類似の集団は存在しない。その意味で，縄文人は消えてしまったことになるが，そのゲノムは現代日本人に 10％，琉球列島の現代人で 30％[10]，北海道のアイヌ集団に 70％程度[8]残っていることもわかっている。

この図から，本土の現代日本人がもつ遺伝的な特徴は，北東アジアの大陸集団と縄文集団の混合によって形成されたということが読み取れる。これは基本的には二重構造モデルが言う基層集団と渡来集団の混合によって現代の日本人が形成された，という言説を支持する結果である。一方，興味深いのは韓国人の位置で，先に述べたように朝鮮半島集団の基層にも，縄文につながる人たちの遺伝子があることを意味している。これは前述したように，初期拡散で大陸沿岸を北上したグループの遺伝子が朝鮮半島にも残っていたためだと考えられる。それを直接証明しているのが 6 千年前の韓国新石器時代の獐項遺跡の 2 体のゲノムで，いずれも現代の韓国人よりも縄文的な遺伝的要素をもっている[10]。これまでに行われた韓国から出土した人骨のゲノム研究では，遺跡によってこの縄文の遺伝子を共有する頻度が大きく違っていることも明らかになっている。まったくもたない遺跡から，ほとんど縄文人と言っても良いものまでバリエーションは大きい。

韓国では，日本の古墳時代相当期になっても，30％ほど縄文的な遺伝子をもつ個体もいることがわかっており，かなり後の時代まで縄文の遺伝子が強く残っていたことが示唆されている[12]。現状では朝鮮半島における集団の遺伝的な変遷に関するシナリオを描くことはできていないが，これと未だに弥生の開始期に日本列島に渡来した人たちの遺伝子が解析されていないことが，渡来の情況を捉えることを難しくしている。

なお，これまでは渡来系弥生人を現在の朝鮮半島あるいは中国北東部の集団と同一視するイメージがあったが，ゲノムが分析された渡来系弥生人は，すべてある程度の縄文的な遺伝子をもち，全体として現代日本人の範疇に入っている。この事実は縄文人と渡来系弥生人をまったく遺伝的に異なる集団と捉えてきた二重構造モデルの前提を変える必要があることを示している。

次に列島の内部での両者の混合の様子を知るために，弥生時代以降の日本の情況を見ていくことにする。図から，在来系と考えられてきた西北九州の弥生人は，縄文人そのものと言っても良い大友遺跡の弥生時代早期の個体から，かなり混血の進んでいる後期の下本山までバリエーションが大きいことがわかる[13]。従来の形態学的な研究は，このように混合が進む集団をまとめて西北九州弥生人として括っていたことになる。なお，南九州の弥生人として，特異な形態をもつ種子島広田遺跡の古墳時代人も，ゲノムからは縄文人そのものである。彼らは縄文時代に島という閉鎖された空間に隔離されたことで，他の縄文人と区別される独特の形態を獲得していったのだろう。

弥生時代後期になっても，東北地方には完全に縄文的なゲノムをもつ人たちがいた。また，本誌の設楽らの論文「群馬県八束脛洞窟遺跡の在来（縄文）系弥生人」（56 頁）が指摘するように，関東地方でも中期末には縄文人の直系の子孫と考えられる集団が存在している。在来集団と渡来系集団は，長期にわたって棲み分けをしており，両者の混合には時間がかかった可能性がある。この他にも，離島などでは古墳時代になってもほぼ縄文人の直系と見なせる個体もあり，弥生時代以降の古代ゲノム解析が進むことで，形態学的な研究からは言及できなかった各時代，各地域における基層集団と渡来集団の混合の様子も明らかになっていくはずである。

このように弥生時代以降も全国の各地に縄文系の遺伝子が多く残っていた。この状況で渡来集団が在来集団のゲノムを取り込んでいけば，現代日本人のゲノムはさらに縄文人に近くなっていくはずであるが，実際にはそうなっていない。したがって弥生時代の中期以降にも大陸からのさらに多くの人びとの渡来を想定しないと，現代日本人の遺伝的な特徴を説明できない。今後は，古墳時代までを射程に入れた混合のプロセスを考えていく必要がある。現代日本人に至

る道は，大筋では起源を異にする 2 つの集団の融合によって始まるが，その後の複雑なプロセスはゲノム解析が進むことで明らかになるはずである。

　一方で，二重構造モデルは琉球列島の現代人集団と北海道のアイヌ集団を，起源を同じくする類似の集団であると捉えている。しかし前述したように，琉球集団とアイヌ集団は共に本土の日本人よりは縄文人に由来するゲノムを多く保有するという以外に共通点はなく，その後の現代に至るプロセスは異なっている。琉球列島に関しては，本書の木下による論考「貝交易の運搬人を追う－ゲノム解析を読み解くために」に記載があるとおり，弥生時代以降の本土日本からの集団の流入が現代の琉球列島集団を形作る要因となっている。アイヌに関しては，核ゲノム解析が行われていないが，ミトコンドリアDNA の分析結果などを見る限り，北海道の縄文人を基盤として，オホーツク文化人や本土日本人の遺伝的な影響を受けて成立したことがわかっている[14]。なお，琉球列島集団には，台湾などのより南方の集団の遺伝的な影響がないのに対し，アイヌ集団には北方の先住民族との関連があることがわかっている[15]。

　以上見てきたように，現代の日本列島集団の成立に関して，解像度が格段に高いゲノムデータを解釈する上では二重構造モデルを参照することは難しい。近い将来，古代ゲノムデータをもとにした日本人の成立に関する新たなセオリーが構築されることになるだろう。

註

1)　Hanihara, K. Dual structure model for the population history of the Japanese. *Japan Review*, 2, 1991, pp.1-33

2)　Prufer, K., *et al*. The complete genome sequence of a Neanderthal from the Altai Mountains. *Nature*, 505, 2014, pp.43-49

3)　Horai, S., *et al*. DNA Amplification from Ancient Human Skeletal Remains and Their Sequence Analysis. *Proc. Jpn. Acad.* 65, 1989, pp.229-233

4)　Lazaridis, I., *et al*. The genetic history of the Southern Arc: A bridge between West Asia and Europe. *Science,* 377, 2022, eabm4247

5)　Wang, T., *et al*. Human population history at the crossroads of East and Southeast Asia since 11,000 years ago. *Cell*, 184, 2021, pp.3829-3841

6)　Wang, CC., *et al*. Genomic Insights into the Formation of Human Populations in East Asia. *Nature*, 591, 2021, pp.413-419.

7)　Fu, Q., *et al*. DNA analysis of an early modern human from Tianyuan Cave, China. *Proceedings of the National Academy of Sciences*, 110, 2013, pp.2223-2227

8)　Kanzawa-Kiriyama, H., *et al*. Late Jomon male and female genome sequences from the Funadomari site in Hokkaido, Japan. *Anthropological Science*, 127, 2019, pp.83-108

9)　Adachi, N., *et al*. Further Analyses of Hokkaido Jomon Mitochondrial DNA, In. *Emergence and Diversity of Modern Human Behavior in Paleolithic Asia*. Texas A&M University Press, 2015, pp.406-417

10)　Robbeets, M., *et al*. Triangulation supports agricultural spread of the Transeurasian languages. *Nature*, 599, 2021, pp.616-621

11)　Mao, X., *et al*, The deep population history of northern East Asia from the Late Pleistocene to the Holocene. *Cell*, 184, 2021, pp.3256-3266

12)　Gelabert, P., *et al*, Northeastern Asian and Jomon-related genetic structure in the Three Kingdoms period of Gimhae, Korea. *Current Biology*, 2022, https://doi.org/10.1016/j.cub.2022.06.004

13)　篠田謙一ほか「佐世保市岩下洞穴および下本山岩陰遺跡出土人骨のミトコンドリア DNA 分析」『Anthropological Science』125，2017，pp.49-63

14)　Adachi, N., *et al*. Ethnic derivation of the Ainu inferred from ancient mitochondrial DNA data. *American Journal of Physical Anthropology*, 165, 2017, 10.1002/ajpa.23338

15)　Sato, T., *et al*. Whole-Genome Sequencing of a 900-Year-Old Human Skeleton Supports Two Past Migration Events from the Russian Far East to Northern Japan. *Genome Biology and Evolution*, 3, 2021, evab192

炭素14年代法でわかること

坂本　稔　SAKAMOTO Minoru
国立歴史民俗博物館教授

瀧上　舞　TAKIGAMI Mai
国立科学博物館研究員

数字で年代を表す炭素14年代法は，その解釈が議論となることがある。較正年代の考え方を整理し，とくに海産資源を摂取した人骨の年代について，解説を試みる

炭素14年代法（放射性炭素年代法）は，資料に残る放射性同位体である炭素14（^{14}C）の濃度を測定して，経過時間を算出する。加速器質量分析計による測定（AMS-^{14}C法）が普及し，今や人類学や考古学において基本的な年代測定法である。ところが結果が「数値」で表されることから，その解釈を巡って混乱が生ずることがある。炭素14年代法は，年代をどこまで明らかにできるのだろう。

1　炭素14年代法の仕組み

炭素14はβ線などの放射線を出しながら，窒素に変わっていく（放射壊変）。およそ5,700年で半減する（半減期）。その速さは，条件によらず一定である。炭素14年代法はこの性質に依拠した年代測定法だが，厳密には，経過時間は放射壊変で「失われた」炭素14の量に相当する。測定できるのは「残っている」炭素14であり，最初に資料にあった量がわからなければ，失われた炭素14の量，すなわち経過時間はわからない。

生体内の炭素は，突き詰めれば大気中の二酸化炭素に由来する。それに含まれる炭素14は，大気圏上層で宇宙から飛来する強力な放射線（宇宙線）の作用を受け，核反応で作られている。生成する速さと壊変する速さが釣り合い，ごく微量ではあるが，大気中には一定量の炭素14が存在する。

大気中の二酸化炭素は光合成で植物に固定され，食物として動物に取り込まれる。動物体内の炭素は代謝活動により交換されているが，その時間は半減期に比べ十分に短いので，炭素14の濃度は周辺と変わらない。ところが生命活動の途絶などで炭素が交換されなくなると，炭素14だけが放射壊変により減っていく。その速さが一定なので，同じタイミングで炭素を交換しなくなった資料同士の炭素14濃度は，経過時間にかかわらず同じである。
（坂本）

2　年代の較正

過去の大気中の二酸化炭素は，年々形成される樹木年輪に固定されている。動物と異なり年輪中の炭素は交換されないので，年輪が形成された年に炭素交換が途絶えた資料は，その年輪と同じ炭素14濃度を示す。

年輪年代法で年代の判明した年輪などの炭素14濃度，すなわち炭素14年代を集成した「較正曲線」が整備されている。1985年，それまで研究機関ごとに測定されてきた樹木年輪のデータを統合した，初の国際的な較正曲線が提案された[1]。その背景には，コンピュータプログラムの実用化もある。かつての計算は測定値（炭素14年代）と較正曲線との交点を読み取る単純な方法だったが，現在ではベイズ統計を用いた確率密度分布の計算が主流である。

さて，較正曲線に基づいて炭素14年代を修正した年代は「較正年代」と呼ばれるが，これは「暦年代」と何が違うのだろう。

本来，資料の年代は一意であり，1つの資料が2つ以上の年代をもつことはあり得ない。一方で較正年代は「範囲」で示され，それが複数になることもある。これは，大気中の炭素14濃度が時間的に一定でなく変動していたことを反映している。大気中の炭素14濃度が変動していれば，異なるタイミングで炭素交換の途絶えた資料同士が同じ炭素14年代を示す，あるいは古い資料の方が新しい炭素14年代を示すことがあり得る。

較正年代は，1つしかないはずの資料の年代が含まれうる範囲を表している。このことは，「炭素14年代を較正曲線と比較して較正年代を導く」と考えるより，「どの年代の資料を測定すればこの炭素14年代が得られるか」と考えた方が理解しやすいかも知れない。較正曲線はそもそも，年代の判明した資料の炭素14年代で構築されているからである。

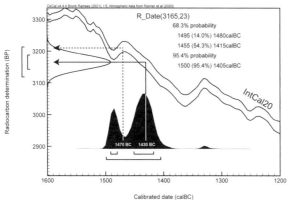

図1　北半球の陸産資源用の較正曲線 IntCal20（註2）に基づいた，較正プログラム OxCal（註3）による炭素14年代の較正の例（筆者による追記あり）

資料の年代が 1430 BC であれば，炭素14年代は 3165 ¹⁴C BP を示す確率が高く，1470 BC であれば 2 σ の範囲に収まる。

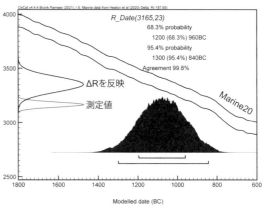

図2　表層海域資源用の較正曲線 Marine20（註4）に基づいた，較正プログラム OxCal による炭素14年代の較正の例（筆者による追記あり）

測定値に Δ R を反映させ，較正年代の計算を行う。

炭素14年代は測定値であり，その確率密度は中心値 n，標準偏差 σ の正規分布で表される。較正年代の確率密度分布は複雑な形をしているが，確率の高い年代の資料であれば，その測定値（炭素14年代）は n に近い。確率の低い年代の測定値は n から離れるが，「2 σ の較正年代」の資料は標準偏差を 2 倍した範囲に収まる。一方，較正年代の範囲外にある資料を測定しても，その測定値は n ± 2 σ の範囲から外れる（図1）。

残念ながら，較正年代は資料の年代が含まれる範囲こそ示すものの，その年代を絞り込むことは難しい。確率密度分布の高い年代である可能性は高いが，それを理由に他の年代を却下することはできない。なお，較正年代の範囲は資料の存続期間ではないことにも注意が必要である。
　　　　　　　　　　　　　　　　　　　（坂本）

3　リザーバー効果

異なる年代の資料が同じ炭素14年代を示す可能性については述べたが，一方で，同じ年代の資料が異なる炭素14年代を示すこともある。これは炭素14年代法の前提となる，炭素交換が途絶えた時点のお互いの炭素14濃度が異なっていたことを意味する。

大気成分はよく撹拌されているので，大気中の炭素14濃度は地域によらず均一と考えられてきた。ところが樹木年輪の炭素14年代測定が進むにつれ，大気中炭素14濃度の地域差が指摘さ

れるようになった。例えば，南半球に生育する樹木年輪は同じ年代の北半球産樹木の年輪よりも低い炭素14濃度，すなわち古い炭素14年代を示す。このことは，北半球と南半球で海洋の占める面積が異なっているためと理解され，北半球には IntCal，南半球には SHCal という較正曲線が用意されることになる。

海洋は大きな二酸化炭素の容れ物（リザーバー）として振る舞い，大気よりもはるかに大量の二酸化炭素を含んでいる。しかもそれが海洋大循環により数 100 年という規模で滞留し，その間に炭素14濃度が減少し，同時期の大気中二酸化炭素よりも古い炭素14年代を示すことになる。

表層海水の炭素14年代は，同時期の大気よりも 500 炭素年ほど古いとされる（グローバルリザーバー効果）。ただしこれは平均的な値であり，海域によってはこれよりも新しい，あるいは古い炭素14年代を示す。そのため，同時期の陸産資源と海産資源の炭素14年代を測定し，その差が平均的な表層海水とどれほど異なるかを表す「Δ R」を海域ごとに求める必要がある（ローカルリザーバー効果）。Δ R はグローバルリザーバー効果との違いであり，例えば同時期の陸産資源と海産資源の炭素14年代の差が 500 炭素年であれば，その海域の Δ R は 0 である。

海産資源の較正年代は，表層海水用の較正曲線 Marine を用い，その海域の Δ R を反映させて炭素14年代を修正する（図2）。ただし厳密に

は，ΔRが過去一定だったという保証はなく，資料が他の海域を回遊していた可能性もある。何よりもΔRはすべての海域で網羅的に検討されてはおらず，例えば日本列島周辺のデータは極めて限られている。海産資源の較正年代は，ある根拠に基づいた計算結果の一つと理解すべきだろう。　　　　　　　　　　　　（坂本）

4　海産資源寄与率

　海産資料，あるいは海産資料を取り込んだ陸産資料の年代測定には補正が必要である。生涯を海域で過ごし海産資源のみを摂取している生物は，ΔRを考慮した上で較正曲線Marineを用いて較正すれば良いが，ヒトのように陸産資源と海産資源を混合して摂取している生物は，海産資源の摂取割合（海産資源寄与率）を見積り，その分の補正を行わなくてはならない。

　海産資源寄与率の見積りには，食性推定と呼ばれる，炭素と窒素の同位体比（炭素13と炭素12，窒素15と窒素14）を用いた分析を行う。食物は光合成回路の違いや栄養段階の違いから，異なる炭素・窒素同位体比を有している。例えば，イネや堅果類（C_3植物）は光合成の際に炭素12を伴う二酸化炭素を選択的に固定するが，雑穀のアワやキビなどの植物（C_4植物）ではその働きは比較的小さい。したがってC_3植物は相対的に炭素12の割合が大きく，炭素同位体比（$\delta^{13}C$）が低くなる。

　一方，光合成を行う生産者（植物）からそれを摂取する消費者（動物）と，食物連鎖の過程で重い同位体が生体内で濃縮されるため，高次消費者ほど高い炭素・窒素同位体比を有している。海洋は食物連鎖が長く，肉食海生哺乳類はとくに高い同位体比を示す。なお，C_3植物である大豆は大気中の窒素を栄養として利用できる窒素固定菌が共生しているため，土中の硝酸塩などを利用する他の植物に比べ大気の値に近い，低い窒素同位体比を有している。

　野生の陸生哺乳類であるシカやイノシシは，野生のC_3植物を摂取していることが多い。一方，イノシシが家畜化されたブタや，イヌなどのコンパニオンアニマルは，ヒトによる給餌の影響が確認される。

　ヒトはこれらの食物を摂取して体組織が形成されるため，摂取した食物のタイプによって個々

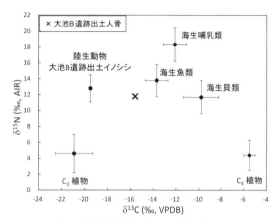

図3　食性推定の例　大池B遺跡出土人骨
（註5より引用）

に体組織の同位体比が異なっている。食物の炭素と窒素の同位体比とヒトの体組織の同位体比を比較することで，どの食物をより多く食べていたかを推定できる（図3）。C_3資源（C_3植物とそれを主に摂取した陸生哺乳類）を多く摂取した個体は低い炭素・窒素同位体比を示し，海産資源を多く摂取した個体は高い炭素・窒素同位体比を示す。ヒトの年代較正においては，この食物とヒトの同位体比の比較から海産資源寄与率を推定する。

　海産資源寄与率の推定には，いくつかの方法がある。2つの食物（一般的にはC_3資源と海産資源）の炭素同位体比をそれぞれ寄与率0％と100％の時のエンドメンバーと仮定して，ヒトの炭素同位体比がその間のどこに位置するかを計算する線形混合モデル，ヒトの食物を任意の3点の食物の組み合わせと仮定して，同位体比が成立する場合の各食物の割合を計算する多数混合モデル（代表的な計算プログラムはIsoConc[6]），ヒトの骨のコラーゲンだけではなく炭酸塩の炭素同位体比も用いて，食物のタンパク質，脂質，炭水化物など複数の栄養素の合成経路も評価してヒト同位体比を見積もるベイズ混合モデル（代表的な計算プログラムはFRUITS[7]）など，様々な計算方法がある。

　とくに注意しなければならないのは，いずれの計算にも必要となる当時の食物の同位体比である。当時利用された食物内容やその同位体比を厳密に復元することは不可能に近い。なぜな

ら施肥の有無や用いた肥料の種類，陸稲や水稲といった栽培方法，ブタやトリなどの家畜に与えた餌など，様々な要因で各食物の同位体比は変化する。また，時代や地域によって利用された食物の内容も変化するからである。したがって，発掘報告書に記載される食物遺物の情報が重要となり，可能であれば共伴する陸生・海生の動物骨の分析も行うことが望ましい。それでも食物の復元には限界があるため，海産資源寄与率は仮定を含んだ推定値となることに注意が必要である。 （瀧上）

5　古人骨の年代測定

これまで記述したように，古人骨の年代測定には ΔR，食物の同位体比，海産資源寄与率など，様々な前提が必要となる。そのため年代の誤差も較正年代で ± 100 年程度を伴うことも珍しくなく，陸生植物資料に比べると年代の絞り込みは厳しいものとなっている。しかし，それでも古人骨そのものの年代測定を必要とする機会は多々ある。ひとつには有用な年代指標となる人工遺物を伴わない場合などがある。あるいは集団埋葬墓などで考古遺物との照合が難しい場合や，複数の文化の痕跡を伴い年代を絞りきれないケースも往々にして存在する。

例えば，鹿児島県宝島の大池 B 遺跡の事例が挙げられる。国立歴史民俗博物館による大池 B

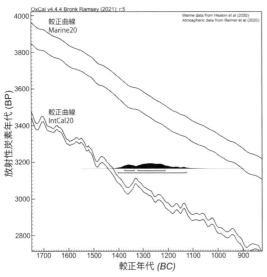

図 4　大池 B 遺跡出土人骨の年代較正
（註 5 の図 3 を IntCal20 と Marine20 で再計算）

遺跡の発掘調査では，石棺状の墓壙をもつ貝輪を装着した伸展葬の人骨が発見された。遺跡の立地から九州島と南西諸島の両方の文化期を考慮する必要があり，埋葬様式や貝輪だけでは年代を絞り込むことが困難であった。そこで古人骨の年代測定を実施したところ，縄文後期末〜晩期末に並行する時期であることが明らかとなった（図 4）。分析当初は，板状ビーチロックによる石棺状構造に着目して弥生開始期並行期の人骨と推定されていたが，年代測定の結果により，古い時期に修正されることとなった。それに伴い，同時期の埋葬様式の広がりや地域的特異性，また貝輪の伝播過程に関して，新たな知見をもたらすこととなった。大きな誤差を伴う分析ではあるが，古人骨の直接年代測定が必要とされるケースの良い事例となっている。

しかしながら，将来的に較正曲線の見直しや ΔR の報告値の増加，新たな海産資源寄与率推定方法が発展したときに，較正年代の再計算が求められる可能性がある。その際に過去の計算を再検証するためにも，較正年代算出の過程は十分に記録されておかなければならない。較正年代の値のみがひとり歩きしないよう，細心の注意が必要である。 （瀧上）

註

1)　Stuiver, M. and Becker, B. High-precision decadal calibration of the radiocarbon time scale, AD 1950-2500 BC. *Radiocarbon*, 28(2B), 1986, pp.863-910

2)　Reimer, P.J., *et al*. The IntCal20 Northern Hemisphere radiocarbon age calibration curve（0-55 cal kBP）. *Radiocarbon*, 62(4), 2020, pp.725-757

3)　Bronk Ramsey, C. Bayesian analysis of radiocarbon dates. *Radiocarbon*, 51(1), 2009, pp.337-360

4)　Heaton, T., *et al*. Marine20-the marine radiocarbon age calibration curve（0-55,000 cal BP）. *Radiocarbon*, 62(4), 2020, pp.779-820

5)　木下尚子ほか「鹿児島県宝島大池遺跡 B 地点出土貝塚前期人骨等の年代学的調査」『国立歴史民俗博物館研究報告』219，2020，pp.231 - 241

6)　Phillips, D.L. and Koch, P.L. Incorporating concentration dependence in stable isotope mixing models. *Oecologia*, 130(1), 2002, pp.114-125

7)　Fernandes, R., *et al*. Quantitative diet reconstruction of a Neolithic population using a Bayesian mixing model（FRUITS）: The case study of Ostorf（Germany）. *Am. J. Phys. Anthropol.*, 158, 2015, pp.325-340

貝塚前期人のゲノム解析

十島村大池 B 遺跡出土人骨

竹中正巳　TAKENAKA Masami

鹿児島女子短期大学教授

九州本土と南島との接点となるトカラ列島から出土した貝塚前期の人骨は，琉球列島集団の遺伝的背景とその成立過程を探る鍵となる

　鹿児島県十島村は，屋久島と奄美大島の南北約 160 km の間に点在する有人七島と無人島五島からなる。これらの島々はトカラ（吐噶喇）列島と呼ばれ，いずれの島々も火山性の島嶼である。

　トカラ列島の南端部に位置する宝島（鹿児島県十島村）の大池 A・B・C 遺跡の発掘調査が，1993 年と 1994 年の 2 回行われた（口絵地図）。この調査は，春成秀爾が代表となって編成した国立歴史民俗博物館「宝島大池遺跡発掘調査班」によって実施された。大池 A 遺跡では縄文前期の生活址の，大池 B 遺跡では箱式石棺墓 1 基の，大池 C 遺跡では集骨墓の調査が行われた。発掘調査の成果は，宝島大池遺跡発掘調査班[1]および春成ら[2]によって公表されている。

　大池 B 遺跡の箱式石棺墓出土の人骨の形質人類学的調査[3]，年代測定研究[4]および DNA 分析[5]の報告は 2020 年に行われている。本稿では，箱式石棺墓から出土した大池 B 遺跡 1 号人骨について，人骨の年代および形質に触れながら，主に神澤ら[5]や篠田ら[6]によって行われた DNA 分析について紹介する。

1　大池 B 遺跡 1 号人骨の出土状況[2,3]

　大池 B 遺跡 1 号人骨は箱式石棺から出土した（図 1）。人骨の保存状態は良好である。遺体は木の棺などには納めずに，直接石棺に納めたのであろう。埋葬姿勢は仰臥伸展位で，両腕を体側に密着させるように伸ばし，脚もまったく屈折せずに伸ばしている。西側小口石の倒壊に伴って，両足首以下を欠失している。頭骨は蓋石の落下に伴って損傷が著しいが，よく残っている。肋骨の多くはおそらく自然に消滅したようであるが，そのほかの部位は比較的残りがよい。頭部は 4 個の板石で「コ」の字形に囲まれていた。腹部には塊石 6 個が載せられていた。副葬品は，左前腕にオオツタノハ製貝輪 3 個が着装状態で遺存していただけであった。

2　大池 B 遺跡 1 号人骨の年代[4,7]

　1 号人骨の側頭骨の錐体部が試料とされ，コラーゲンの回収率はよかった。大池 B 遺跡 1 号人骨の AMS-^{14}C 年代測定の結果は，3,165 ± 23 ^{14}C BP の値が得られた。IntCal20 および Marine20 に基づき，暦年較正を行ったところ，1,375-1,200 cal BC（1σ（68.2%）），1,395-1,120 cal BC（2σ（95.4%））という結果になった。この値は，貝塚時代前期末（前 14 〜前 12 世紀）の年代であり，縄文時代後期末から晩期末に併行する時期である。石棺墓の造営年代も貝塚時代前期末と考えられることになった。

3　大池 B 遺跡 1 号人骨の性別・年齢・形質[2,3]

　1 号人骨の性別は，寛骨の大坐骨切痕の角度が大きいことから女性，年齢は寛骨耳状面の形状から熟年と判定される。形質を次に記す。

- ・脳頭蓋の径は全体に小さいが，とくに最大長が短く，最大幅が大きいことにより，長幅示数は過短頭に属す。
- ・頭高が比較的高い。
- ・顔面部は全体に幅径が大きく，強い低・広顔を示す（口絵）。
- ・眼窩部・鼻部とも幅径が大きく，低眼窩・広鼻を示す。
- ・眉間と眉弓は弱く隆起する。前頭骨平坦示数は小さく，平坦である。鼻骨平坦示数は大きく，鼻背の隆起は強い。
- ・外耳道骨腫は認められない。
- ・上腕骨は三角筋粗面が強く突出し，太く，扁平性が強い。
- ・大腿骨には柱状形成が見られるが，脛骨も扁平性が強い。
- ・推定身長は 144.0 cm で低身長である。
- ・体肢長骨の近遠位長径比をみると，上肢では遠位の橈骨が相対的に長く，逆に下肢では脛骨が相対的に短い。周径比では，上腕骨の太

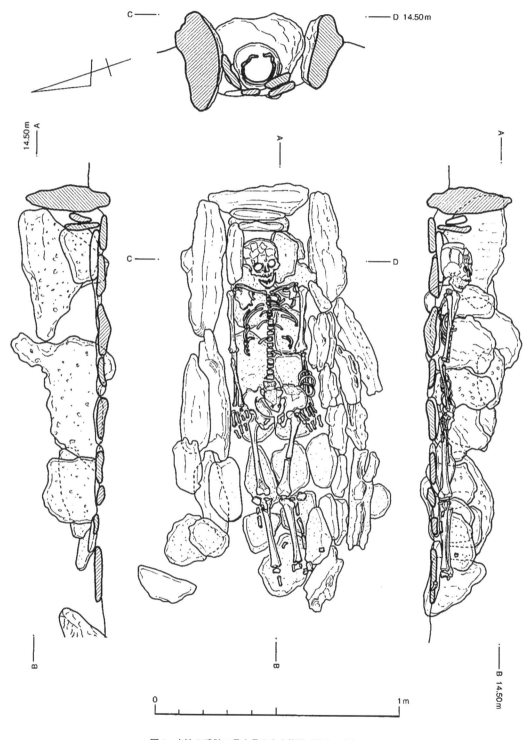

図1　大池B遺跡1号人骨の出土状況（註2より）

さが目立つ。

・全身各所の関節に変形性関節症による骨棘が認められる。

・前頭骨と右頭頂骨に，それぞれ1ヵ所ずつ陥没骨折の治癒した小陥凹が認められる（図2）。

・過度の咬耗，歯冠の破折，多数の残痕歯など特異的な歯列の状態を示す。

・上顎左側切歯，上顎左犬歯，下顎左中切歯の3本の歯に風習的抜歯が施された可能性も考えられるが，いずれの歯も単なる歯冠破折や病的な歯の脱落が起こっただけかもしれない。

大池B遺跡1号熟年女性人骨の特徴は，琉球列島先史人に共通するものである。頭蓋の短頭性と低顔性，体肢骨では全体的な長径の短さと上腕の頑丈さ，推定身長の低さ，いずれも琉球列島先史人に共通する。頭蓋計測値9項目から求めたペンローズ形態距離からも，琉球列島先史人に近いことがわかる。

4 大池B遺跡1号人骨のDNA分析結果[5]

骨の中にも細胞はいる。ヒトの細胞には，核とミトコンドリアにDNAが存在する。核のDNAは両親から受け継がれ，ミトコンドリアDNAは母系遺伝する。ミトコンドリアDNAの分析を行うことで，母方の系統を追究できる。

1号人骨の側頭骨の錐体部について，APLP法による簡易的な分析の結果，充分な量のDNAを含むことが確認された。また，ミトコンドリア

DNAハプログループはM7a1に分類された。次に，NGSを用いてミトコンドリアゲノム全周配列とハプロタイプの決定が行われた。その結果，ハプログループのM7a1aにさらに細分された。ただし，サブハプログループに細分される変異をもたないことから，大池1号はM7a1aの祖型（M7a1a*）とのことである。その一方，個体特異的変異も確認されている。結果の信頼性を確認するために，古代DNA特有の特徴の有無が調べられた。DNA末端には明瞭なC/Tの置換が見られ，DNA断片長も全体的に短いことから，得られた結果は古代人に由来する。DNAの汚染率も0〜1.67%と低いことが確認された。

ミトコンドリアDNAハプログループM7aは，縄文時代人の主要なハプログループのひとつであり[8]，「縄文人的遺伝子型」とされる[9]。現代日本人でも本土で7.5%，沖縄本島で26%の頻度で観察される[10]。M7a1a*が検出されたことから，大池1号も母系系統では縄文系であると判断される。

5 DNA分析と人骨の形態分析からみた大池B遺跡1号人骨

大池B遺跡1号人骨のミトコンドリアDNAのハプログループはM7a1a*であり，M7a1a系統である[5]。篠田ら[11]によれば，沖縄本島の貝塚前期の遺跡から出土した人骨のほとんどが，このハプログループをもっている。南九州の縄文人である出水貝塚出土人骨のミトコンドリアDNA解析に

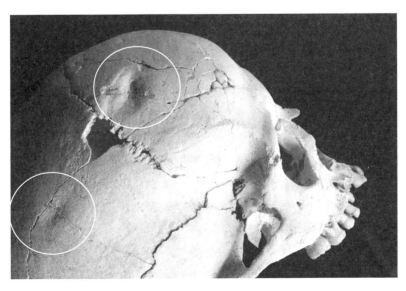

図2　大池B遺跡1号人骨の陥没骨折治癒痕（2ヵ所）

よれば，出水貝塚人は系統的には琉球列島の貝塚時代の人々とは異なり，北部九州と同じ系統に属しているという[6]。

　篠田ら[6]は，大池 B 遺跡 1 号人骨を含む琉球列島の M7a1a をもつ個体の系統解析を行った。DNA データベースに登録されている現代日本人と，篠田らが分析を行った北部九州の縄文〜弥生時代の人骨，および琉球列島の貝塚時代人骨が用いられた。貝塚時代の琉球列島の人々は，北部九州の集団とは別の系統に属しているという。M7a1a の系統樹から，北部九州集団と琉球列島の集団が分岐したのは，1 万年ほど前（10,985 ± 1,442 年）の縄文時代早期の始めの頃と計算している。双方の系統は共通祖先から 1 万年ほど前に分離したと考えられ，これは九州島と琉球列島の間では，女性の交流が極端に少なかったことを示しているとのことである[12]。また，ミトコンドリア DNA ハプログループ M7a1a の系統解析からは，この頃に琉球列島に九州から人々が到達し，その後独自の集団として，この地域に拡散していったとも考えられるとのことである[12]。

　人骨の形質面からは，大池 B 遺跡 1 号人骨をはじめとする琉球列島先史時代人は，本土縄文人と類似した形態を示しながらも，人骨各部位の計測値は軒並みサイズが小さく，低身長が著しい。短頭の程度も際立つ。これらの特徴は，琉球列島の貝塚時代前期から後期（縄文時代後期から古代）にかけて出土する多くの古人骨に共通する特徴である。ミトコンドリア DNA の解析結果を合わせて考えると，1 万年前の縄文時代早期の始めの頃，九州島から南下した本土縄文人の遺伝的影響を受け，これ以降，短頭・低顔・低身長という形質面での特徴ができあがっていった可能性も考えられる。

　DNA 分析においては，現在，琉球列島の先史時代人骨の核ゲノム分析が活発に行われている。ミトコンドリア DNA 解析および形質面の分析結果も合わせて検討が行われ，大池 B 遺跡 1 号人骨を含む琉球列島集団の遺伝的背景とその成立過程がより詳細に明らかになることが期待される。

註
1) 宝島大池遺跡発掘調査班「吐噶喇列島宝島大池遺跡―特定研究「列島内諸文化の相互交流の研究」1993 年度発掘調査概報―」『国立歴史民俗博物館研究報告』60, 1995, pp.261-282
　宝島大池遺跡発掘調査班「吐噶喇列島宝島大池遺跡―特定研究「列島内諸文化の相互交流の研究」1994 年度第 2 次発掘調査概報―」『国立歴史民俗博物館研究報告』70, 1997, pp.219-251
2) 春成秀爾・設楽博己・竹中正巳「鹿児島県大池 B・C 遺跡の発掘調査」『国立歴史民俗博物館研究報告』228, 2021, pp.55-100
3) 竹中正巳・峰和治・設楽博己・春成秀爾「鹿児島県宝島大池 B 遺跡出土貝輪人骨の形質人類学的調査」『国立歴史民俗博物館研究報告』219, 2020, pp.243-256
4) 木下尚子・坂本稔・瀧上舞「鹿児島県宝島大池遺跡 B 地点出土貝塚前期人骨等の年代学的調査」『国立歴史民俗博物館研究報告』219, 2020, pp.231-241
5) 神澤秀明・角田恒雄・安達登・篠田謙一「鹿児島県宝島大池 B 遺跡出土貝塚前期人骨の DNA 分析」『国立歴史民俗博物館研究報告』219, 2020, pp.257-263
6) 篠田謙一・神澤秀明・安達登・角田恒雄・土肥直美「貝塚前期を中心とした人骨の DNA 分析」『沖縄考古学会 2019 年度研究発表会資料集』2019, pp.25-26
7) 坂本稔・瀧上舞「IntCal20 と Marine20 による「ヤポネシアゲノム」較正年代の再計算」『国立歴史民俗博物館研究報告』237, 2022, pp.173-186
8) Adachi N., Shinoda K., Umetsu K., Kitano T., Matsumura H., *et al.* Mitochondrial DNA analysis of Hokkaido Jomon skeletons: remnants of archaic maternal lineages at the southwestern edge of former Beringia. *American Journal of Physical Anthropology*, 146, 2021, pp.346-360
9) Adachi N., Shinoda K., Umetsu K., and Matsumura H. Mitochondrial DNA analysis of Jomon skeletons from the Funadomari site, Hokkaido, and its implication for the origins of Native American. *American Journal of Physical Anthropology*, 138, 2009, pp.255-265
10) Tanaka M., Cabrera V.M., Gonzalez A.M., Larruga J.M., Takeyasu T., *et al.* Mitochondrial genome variation in Eastern Asia and the peopling of Japan. *Genome Research*, 14, 2004, pp.1832-1850
11) 篠田謙一・神澤秀明・角田恒雄・安達登・竹中正巳「鹿児島県徳之島所在遺跡出土人骨のミトコンドリア DNA 分析―面縄第 1 貝塚・トマチン遺跡・下原洞穴遺跡―」『国立歴史民俗博物館研究報告』228, 2021, pp.449-457
12) 篠田謙一「南九州古人骨のゲノム解析結果」『新学術領域研究「ヤポネシアゲノム」古人骨分析報告会―南九州から琉球列島にかけての地域から出土した人骨について―資料集』2023, pp.2-6

東ユーラシアの先史穀類農耕の発展とハツカネズミの帯同

鈴木 仁 SUZUKI Hitoshi

北海道大学名誉教授

ゲノム解析が示すハツカネズミの時空間動態が，過去 8,000 年間の人類の穀類農耕の展開を解き明かす

先史時代の穀類生産の地域的展開は，文化，生活様式，人間社会の構築，国家の形成，そして言語の発展など，多くの観点から注目されている。東ユーラシアでは約 8,000 年前，中国北部でアワおよびキビの雑穀栽培が始まり，中国南部ではイネの農耕が開始された。日本列島では約 3,000 年前には，アワ，キビ，イネなどの穀類栽培が広まり，弥生時代が幕を開けた。この小論では，このような先史時代の穀類農耕の展開を理解するために，穀類を主食とし，初期農耕民に帯同してユーラシア大陸を東方移動したハツカネズミ（*Mus musculus*）に焦点を当て，近年のゲノム学的解析によって明らかになった東ユーラシアにおけるハツカネズミの時空間的動態と，それを駆動したと考えられる穀類栽培に関連する考古学的事象との関連性を探る。

1 なぜハツカネズミか

本題に入る前に，先史時代の農耕の展開を追う際にハツカネズミが有効なマーカーとなりうる理由を紹介したい。1 つ目の理由は，その元々の居住地（ホームランド）がイラン，パキスタン，インド北部などといった地域であり，人類の農耕のスタート地点の近傍にあったことである。ハツカネズミは巣作り，避寒所，他の野生種との競争排除のため，農耕地に執着する傾向があり，スタート地点からの農耕の地理的展開の軌跡を忠実に再現してくれるものと期待される。2 つ目はホームランドでは遺伝的によく分化した 3 つの亜種が存在し，それぞれの亜種の移動経路を追うことが可能である。すなわち，*M. m. musculus*（MUS）はイラン北部の地域を起源地とし，東ヨーロッパ方面と北ユーラシア方面に移動し，イラン西部にあった *M. m. domesticus*（DOM）は西ヨーロッパ方面に移動し，*M. m. castaneus*（CAS）はインド北部地域を起点として東アジア方面に移動したことが推察されている。3 つ目として 100 個体を超えるアジア産ハツカ

ネズミの全核ゲノム解析がされ[1]，加えてミトゲノムと称される全ミトコンドリアゲノム塩基配列（約 16,000 bp）のデータも開示されたことで，詳細な進化史の構築が可能になったことである[2]。以下，中国北部，中国南部で展開した MUS および CAS のそれぞれの進化的動態の詳細と，日本列島への移入に関わる特性についてミトゲノムの系統学的解析結果を示し，どのような考古学的知見と呼応しているのかについて解説する。

2 東ユーラシア北部のハツカネズミの拡散とアワ・キビ農耕の展開

ユーラシア大陸を北方周りで展開した MUS 型亜種のミトゲノム解析結果に基づくと，東ユーラシアにおける最初の多様化は，中国東北部（長春，通遼）で生じている。その時期は，およそ 7,600 年前と推定された（図 1A）。そして次の多様化の波は，6,300 年前頃に，この初期の拠点地域の周辺のアムール川流域（ロシア）および黄河上流域で起きている。これらの動向は中国北部におけるアワ，キビの初期農耕の展開と類似する。すなわち考古学的研究によれば，遼河周辺域でおよそ 8,000 年前にアワ，キビの栽培が開始され，その数千年後に黄河上流域に雑穀栽培が展開したと報告されている[3,4]。

韓半島の MUS の祖先系統は中国東北部のチチハル産系統と 7,700 年前頃に分岐し，5,300 年前頃に多様化したと推定された（図 1A）。これはまさに韓半島における櫛目文土器時代中期に，中国北部よりアワ，キビなどの穀物栽培の技術が韓半島に持ち込まれたとされる考古学的知見[4,5]と合致する。韓半島では 3000 年前前後にハツカネズミの 2 回目の多様化が起きている（図 1A 網掛け部分）。これは，無文土器時代（BC1500 ～）初期頃に水田稲作が伝播されたとの考古学的知見に呼応する。MUS 型ハツカネズミは，3,000 年前に韓半島に由来する 1 つの系統が日本列島において放散的に多様化している。これには，韓

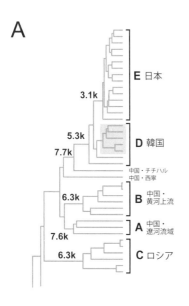

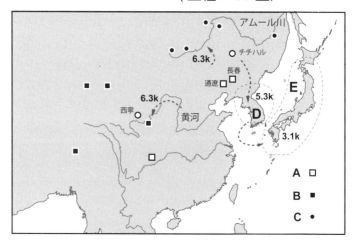

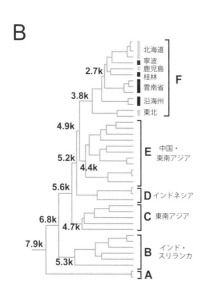

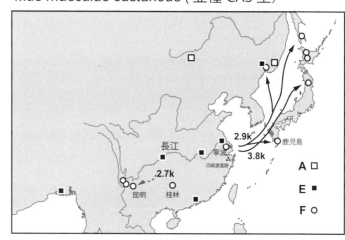

図1　ミトゲノムに基づく2つのハツカネズミ亜種グループ *Mus musculus musculus*（MUS）（A）と
M. m. castaneus（CAS）（B）の系統解析と主要ハプロタイプグループの地理的分布
系統樹および地図上の数字はそれぞれ分岐および分散の推定年代（×1000年前）。

半島の雑穀とイネの農耕が日本列島に伝播され
たとする考古学的知見[6]が該当する。

　我々が再構築したMUS型ハツカネズミの
進化史は，東ユーラシアにおける先史時代
初期の雑穀栽培の時空間動態を再現してい
る。分岐年代の把握については，ミトゲノム解
析による分岐年代の推定値には著しい誤差幅を

伴うことを念頭に置く必要がある。しかしなが
ら，今回の分岐イベントの順番については大き
な変更はないと思われる。さらに，韓半島や日
本列島における多様化の開始時期については，
考古学的証拠によって支持される範囲となって
いる。そのため，今回の分岐の推定値について
も大きな変更はないと考えている。将来的には，

さらに多くのサンプルと場所を使用し，より詳細な時間と空間の動態の把握が必要である。

3　東ユーラシア南東部の
　ハツカネズミの拡散とイネ農耕の展開

　次に，インド北東部付近を出発点とし，東南アジアおよび東アジアに展開したCAS型ハツカネズミの進化史を注目する。ヒトと共存する以前の時代にはCASはイラン，パキスタン，インド北部，ネパールの広い地域に自然分布していたと考えられている。CASがヒトに帯同し新規に分布域を獲得したのはそのホームランドの東端部の集団，すなわちインド亜大陸の北東部の集団であると推察されている。CASのミトコンドリアゲノムの系統樹において，中国の長江沿岸地域のミトゲノムの塩基配列(以下ハプロタイプと呼ぶ)のグループを中心に注目すると，4つの明確な分岐イベントが観察される(図1B)。すなわち，約7,900年前のCAS最北端グループ(グループA)の分岐，約6,800年前のインド・スリランカグループ(グループB)の分岐，およそ5,000年前の東南アジア地域(グループC)や中国南部を含めたグループ(グループE)における放散的な多様化，そして約3,000年前の中国南部および日本列島，沿海州，南サハリングループ(グループF)の多様化である。

　グループAは他のCASグループとおよそ8,000年前に分岐し，現在のCAS型ハツカネズミの主要分布域よりはるか北方の中国・ロシア国境沿いに存在する。その起源に関して，現時点では明瞭な解は得られていない。しかし，考えうるものを1つ紹介すると，およそ8,000年前に始まったとされるヒプシサーマル期と呼ばれる温暖な時期に，イネの自然分布も黄河流域近くまで及んだと考えられており[7]，そのような時期にCAS型ハプロタイプをもったハツカネズミが雑穀農耕を展開する地域まで北上し，MUS型ハツカネズミと交雑し，当該のCAS型ミトコンドリアDNAが今日まで継代されてきたという案である。

　インドと中国南部・東南アジアのグループ間の分岐は，6,800年前と推定された。この時期は，中国長江下流域の河姆渡遺跡から大量のジャポニカ稲の遺物が出土しており[8]，中国におけるイネの初期農耕の発展と関連があると思われる。

また，6,600年前前後のインドにおいて，インディカ稲と中国方面から移入したジャポニカ稲との交雑が起きたとする見解もある[3]。CAS型ハツカネズミのグループBの分岐が，インド・スリランカの先史農耕の展開とどのような関係性があるか今後注視していきたい課題の1つである。

　5,000年前以降に，中国南部および東南アジアの広い地域で，ハツカネズミの放散的な多様化が起きたことが示された。これは，この時期に中国南部および東南アジアの各地域で，イネの栽培が開始されたことと関連しそうである。例えば，珠江流域などの中国南端部の沿岸域における稲作は，4,800年前以降に始まっている[9]。台湾では4,500年前頃にジャポニカ米とアワの栽培が行われている[9,10]。ベトナムなどの東南アジア北東域の稲作の展開はおよそ4,500年前に開始されたとされている[11]。

　グループFのCASはさらに4,000年前以降，中国南部を起源地とする放散的拡散によって生じている[2]。中国南部に加え，日本列島やサハリンにも見出されている。これは中国南部ですでに多様化していたハプロタイプが，現代の人間活動によってそれぞれの周辺地域に分散したという可能性も考えられる。しかし中国南部のハプロタイプは互いに類縁度が高く，他の周辺地域における系統は，日本の東北地方の系統をはじめとして古い時代に分岐しているため，それぞれの周辺地域に古い時代に分散した可能性が高いと思われる。また，このような放散的多様化が駆動された背景には，高緯度(日本，サハリンなど)，高標高(雲南省)地域への分散が生じているため，この時代に育成された冷温耐性のある温帯ジャポニカの開発と拡散[12]に関与する可能性が示唆される。すなわち，4,200年前の地球レベルの寒冷化イベントに呼応した形で誕生したとされる寒冷適応型の温帯ジャポニカ米が，高標高，高緯度地域における稲作を可能とし，韓半島にも導入され，3,000年前ほど前にはアワ・キビとともに日本列島に導入されたとする考古学的知見との強い関連性を示す。しかし一方で，核ゲノムの解析から韓半島のハツカネズミはCAS型要素が認められず，純粋なMUS型ゲノムをもっていることが確認されており[1]，CASが韓半島を経由して日本列島に移入したと

は考えにくい。したがって今回のミトゲノムの解析は，約3,800年前に東北地方の系統がまず日本列島に移入し，そして約2,700年前に鹿児島を含め他の地域への拡散が生じたと考えるのが妥当であると思われる。南中国を拠点とする海洋貿易などに便乗したのではと想像できるが，年代推定も誤差範囲が大きく暫定的なものであり，これに関連する考古学的知見の特定には至っていない。

4　最後に

以上みてきたように，ミトゲノム解析によって先史時代のハツカネズミの時空間動態の概要が把握でき，東ユーラシアにおける過去8,000年間の人類の穀類農耕の展開の一端を間接的に理解するのに役立つ情報提供ができた。今後は核ゲノムからのより精度の高い情報が開示され，今回のミトゲノムに基づくハツカネズミの進化的動態の理解も，修正および改善されていくものと期待される。同時に，日本列島のアワ，キビ，イネに関して現在進められているゲノム解析の結果との検証も必要である。とくに，CASの日本列島への移入に関して，弥生期開始前後における中国南部との穀類に関する関係性を解明するための研究が進められることを願っている。さらに，クマネズミ[13]やジャコウネズミ[14]など他の小動物に関するゲノム解析も進行中であり，これらの動物と東南アジアにおける穀類農業の展開との関連性についても注視していきたい。

註

1) Fujiwara, K., Kawai, Y., Takada, T., Shiroishi, T., Saitou, N., Suzuki, H., Osada, N. Insights into *Mus musculus* population structure across Eurasia revealed by whole-genome analysis. *Genome Biology and Evolution*, 14, 2022, evac068

2) Li, Y., Fujiwara, K., Osada, N., Kawai, Y., Takada, T., Kryukov, A.P., Abe, K., Yonekawa, H., Shiroishi, T., Moriawaki, K., Saitou, N., Suzuki, H. House mouse *Mus musculus* dispersal in East Eurasia inferred from 98 newly determined complete mitochondrial genome sequences. *Heredity*, 126, 2021, pp.132-147

3) Fuller, D.Q., Qin, L., Zheng, Y., Zhao, Z., Chen, X., Hosoya, L.A., Sun, G.P. The domestication process and domestication rate in rice: spikelet bases from the Lower Yangtze. *Science*, 323, 2009, pp.1607-1610

4) Leipe, C., Long, T., Sergusheva, E.A., Wagner, M., Tarasov, P.E. Discontinuous spread of millet agriculture in eastern Asia and prehistoric population dynamics. *Science Advances*, 5, 2019, eaax6225

5) Miyamoto, K. Archaeological explanation for the diffusion theory of the Japonic and Koreanic Language. *Japanese Journal of Archeology*, 4, 2016, pp.53-75

6) Fujio, S. Early grain cultivation and starting processes in the Japanese archipelago. *Quaternary,* 4: 3, 2021

7) ベルウッド，ピーター（長田俊樹・佐藤洋一郎監訳）『農耕起源の人類史』京都大学学術出版会，2008

8) Zheng, Y., Sun, G., Chen, X.G. Characteristics of the short rachillae of rice from archaeological sites dating to 7000 years ago. *Chinese Science Bulletin*, 52, 2007, pp.1654-1660

9) Deng, Z., Huang, B., Zhang, Q., Zhang, M. First Farmers in the South China Coast: New evidence from the Gancaoling Site of Guangdong Province. *Frontiers in Earth Science*, 10, 2022, 858492

10) Hour, A.L., Hsieh, W.H., Chang, S.H., Wu, Y.P., Chin, H.S., Lin, Y.R. Genetic diversity of landraces and improved varieties of rice (*Oryza sativa* L.) in Taiwan. *Rice*, 13, 2020, pp.1-12

11) Wang, W., Nguyen, K.D., Le, H. D., Zhao, C., Carson, M.T., Yang, X., Hung, H.C. Rice and millet cultivated in Ha Long Bay of Northern Vietnam 4000 years ago. *Frontiers in Plant Science*, 13, 2022, 976138

12) Gutaker, R.M., *et al.* Genomic history and ecology of the geographic spread of rice. *Nature Plants*, 6.5, 2020, pp.492-502

13) 甲斐　一・鈴木　仁「日本列島のクマネズミはどこからやってきたのか？」『ビオストーリー』36，2021，pp.18-23

14) 大舘大學「ジネズミ類の系統地理学─繰り返される人による移動」『ビオストーリー』36，2021，pp.24-32

引用・参考文献

鈴木　仁「ハツカネズミに見るアジア先史農耕の陸海展開ルート」『ビオストーリー』36，2021，pp.10-17

鈴木　仁「第四紀後期のユーラシアを舞台とする小型哺乳類の進化的動態と人類拡散との関わり」『旧石器研究』18，2022，pp.1-10

弥生時代のアワ・キビの栽培史を DNA から探る

里村和浩 SATOMURA Kazuhiro

長浜バイオ大学

雑穀アワ・キビは，農耕史の初期に栽培化され，ユーラシア大陸に広まり，弥生時代から日本でも栽培が広まった。最新の DNA 解析データに基づき，生物学的な視点からアワ・キビの栽培史を説明する

近年，DNA 解析技術の向上と普及により全ゲノムデータから生物の歴史に関する様々な知見が蓄積されている。これは，栽培植物の歴史を紐解くためにも有用であり，DNA 情報から考古学的な知見を確認したり，考古学的なデータの不足を補ったり，栽培植物の農耕による微小な変化や周辺環境との関わりのような生物学的な歴史も推測することが可能になる。この15年程度で世界中の地域における多種多様な栽培植物についてゲノム解析が行われ，栽培植物の起源や伝播，育種の歴史について飛躍的に研究が進められている。

DNA を用いて栽培植物の歴史を調べる戦略は，大きく二通りある。①在来品種や祖先野生種，遺跡から出土した植物遺体から直接抽出した DNA を比較し，それらの系統関係や人為選択(品種改良など)の歴史を調べる。②現在の栽培品種や祖先野生種の DNA を数多く比較し，そこに残された痕跡から時間を遡って祖先が何を経験したのか推定する。ここでは，主に①と②の戦略に基づく関連研究のデータおよび筆者の解析データを引用しつつ，雑穀アワとキビの栽培の歴史について記述する。

1 雑穀アワとキビの起源

米や麦など主穀を除いた穀類を雑穀と称する。雑穀は半乾燥地域など一般的には農業に不向きな土地でも栽培可能な種が多く，アワとキビはとくに亜寒帯地域でも生育可能なことからユーラシア大陸の広い地域で栽培されており，現在でも世界的に雑穀生産の上位を占める。アワとキビはいずれも西遼河流域の約8,000年前の遺跡から出土し，徐々に穀粒の形態が改良されたことが示唆されているため，中国東北部を起源とすると考えられており，約5,500年前には朝鮮半島や沿海州にまで栽培が広まったと考えられている[1]。

アワ(*Setaria italica*)は，祖先野生種エノコログサ(*Setaria viridis*)からドメスティケーション(DNA配列の変化を伴う栽培化)された栽培植物である。この2種は染色体数が同じであり，DNA 配列の違いが小さいため，現在でも交雑可能である。エノコログサはねこじゃらしとも呼ばれ，日本全国で普通に見られる雑草だが，現在エノコログサは日本に限らず世界中に分布しており，アワなどの栽培植物の随伴雑草として人為的に拡散されたのではないかと言われている。

一方，キビ(*Panicum miliaceum*)のゲノムサイズはアワの2倍もあり，それは約590万年前に分岐したと推定される大きく異なる2種類のゲノムが合わさってできた異質四倍体であった[2]。そのゲノムの片方はハイキビ(*Panicum repens*)，もう片方はハナクサキビ(*Panicum capillare*)に似ていることが示唆されている[3]。これは，栽培キビが2つのキビ野生種の交雑によって生じたことを示しているが，正確にどの2種が祖先野生種なのかはまだ明らかにされていない。また，栽培キビと同じゲノム構成の野生植物が見つかっていないことから，キビの栽培種と野生種の交雑は難しいと考えられる。

栽培植物は，起源地の遺伝的多様性が最も高い(多様性中心)という考え方に基づくと，多くの栽培系統の DNA 配列を比較することにより，栽培植物の起源地に関する考古学データを別角度から検証できる。アワとキビの多数の栽培系統を用いて遺伝的多様性が調べられた結果，いずれも中国東北部が多様性中心となり，遺跡の出土記録をサポートしている[4,5]。

2 日本におけるアワとキビの歴史

アワは，多くの栽培系統の DNA の様々な領域を用いた分子系統解析が行われており，日本本土のアワ系統が中国や朝鮮と同じ東アジアのタイプであることは間違いない[6,7]。筆者の DNA 解析によると，九州の系統が最も中国や朝鮮の系統と似ており，北海道に向かって北に進むほど DNA

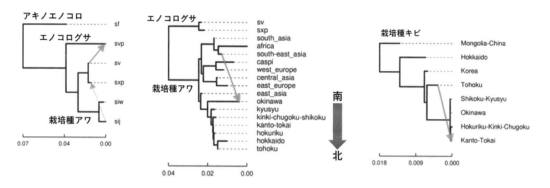

図1　アワおよびキビの Treemix 解析

アワおよびキビの各地域集団の系統関係を模式化し，過去の交雑の影響が矢印によって表されている。sf はアキノエノコロ，sv はエノコログサ，svp はハマエノコロ，sxp はオオエノコロ，sij は日本のアワ，siw は日本以外のアワを示している。

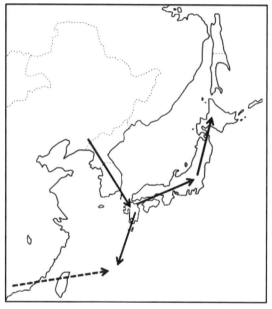

図2　DNA の変異情報から予測されるアワの伝播経路

点線は，考古学的証拠はないものの DNA 情報をもとに考えられる新たな伝播経路を示している（図3・4も同じ）。

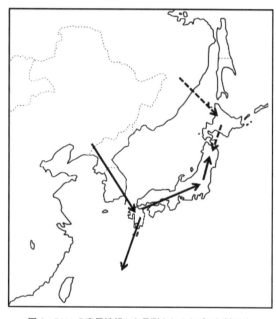

図3　DNA の変異情報から予測されるキビの伝播経路

は変化していく（図1）。つまり，イネと同様にアワは大陸から九州に持ち込まれ，徐々に日本全土に広まったものと考えられる。考古学的には，福岡県内の遺跡から出土した縄文土器の表面や内部からイネやアワが発見されていることから，アワはイネと同様に畑作物として朝鮮半島経由で九州に持ち込まれたと考えられており，今回の DNA 解析結果はその解釈と一致する。

　この南北の DNA の分化は野生種にも見られ，随伴雑草のエノコログサだけでなく在来種のアキノエノコロ（*Setaria faberi*）においても同様であった。これは，イネ科植物が南北の各環境に適応

するためには，気温や日長の違いに適応する必要があることが原因と考えられ，アワが日本列島を北上する際にも DNA レベルでこの変化を伴ったものと思われる。つまり，九州に持ち込まれたアワは，北日本ですぐに栽培することはできないため，移動した土地で栽培され，その環境に適応することを繰り返しながら徐々に日本本土を北上したものと思われる（図2）。また，沖縄系統だけは東アジア系統の特徴と東南アジアや南アジア系統の特徴を両方持っている[6~8]。理由としては，①沖縄に日本本土のアワ系統と台湾などの南方のアワ系統の両方が持ち込まれて

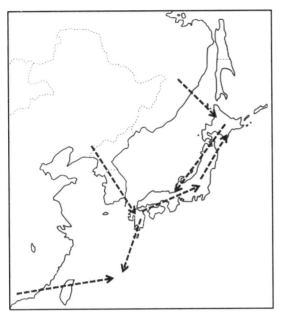

図4　DNA の変異情報から予測される随伴雑草エノコログサ，アキノエノコロ，キンエノコロの伝播経路

交雑した可能性と，②栽培植物の地域環境適応では現地の野生種と交雑することで適応遺伝子を獲得することがあるため，日本本土から持ち込まれたアワが沖縄で亜熱帯地域に由来する野生エノコログサと交雑した可能性が考えられる。

　日本本土のキビはあまり明確な DNA の違いが見られないが，北海道系統だけは他の地域と大きく異なっている（図1）。穀物のもち性を決める *Waxy* 遺伝子の解析から，北日本のキビは他の日本のキビ系統と異なり中国東北地方や沿海州のキビと似ていることが示唆されている[9]。このことから，北日本のキビは日本本土の系統と異なり，中国北部や沿海州の系統が持ち込まれた可能性がある（図3）。実は，在来種とされるアキノエノコロやキンエノコロ（*Setaria pumila*）についても北海道の系統だけ他の地域と大きく異なっており，遺伝的多様性も高い。随伴雑草と考えられるエノコログサにおいても同様に北日本集団の遺伝的多様性が高いが，エノコログサがイネやアワとともに九州から持ち込まれて北上したと考えると矛盾する。エノコログサ，アキノエノコロ，キンエノコロは中国や朝鮮半島にも広く分布している。よって，北日本には九州とは別の伝播経路からも栽培植物とともにエノコログサ，アキノエノコロ，キンエノコロが持ち込まれてい

た可能性も考えられる（図4）。このように，祖先野生種や随伴雑草の DNA 解析が農耕の歴史を紐解くヒントとなることがあり，近年注目されはじめている。

　DNA 解析データは，沖縄のアワや北日本のキビが他の日本系統と異なることを示しており，今後，複数の伝播経路があった可能性や各地域への適応進化を伴った可能性を検討する必要がある。考古学研究に DNA 解析データを加えることで，さらに詳細な農耕の歴史を解明していくことができるだろう。

註

1）　Li, T., *et al*. Millet agriculture dispersed from Northeast China to the Russian Far East: Integrating archaeology, genetics, and linguistics. *Archaeol. Res. Asia*, 22, 2020, e100177

2）　Shi, J., *et al*. Chromosome conformation capture resolved near complete genome assembly of broomcorn millet. *Nat. Commun*. 10（1）, 2019, 10.1038/s41467-018-07876-6

3）　Hunt, H.V., *et al*. Reticulate evolution in Panicum （Poaceae）: the origin of tetraploid broomcorn millet, *P. miliaceum*. *J Exp Bot*., 65（12）, 2014, pp.3165-75

4）　Wang, C., *et al*. Genetic Diversity and Population Structure of Chinese Foxtail Millet [*Setaria italica*（L.）Beauv.] Landraces. *G3*, 2（7）, 2012, pp.769-777

5）　Hunt, H.V., *et al*. Genetic evidence for a western Chinese origin of broomcorn millet （*Panicum miliaceum*）. *Holocene*, 28（12）, 2018, pp.1968-1978

6）　Fukunaga, K., Wang, Z.M., Kato, K. & Kawase, M. Geographical variation of nuclear genome RFLPs and genetic differentiation in foxtail millet, *Setaria italica* （L.）P. Beauv. *Genet. Resour. Crop Evol*., 49, 2002, pp.95-101

7）　Hirano, R., *et al*. Genetic structure of landraces in foxtail millet （*Setaria italica*（L.）P. Beauv.）revealed with transposon display and interpretation to crop evolution of foxtail millet. *Genome*, 54（6）, 2011, pp.498-506

8）　Hunt, H.V., *et al*. Population genomic structure of Eurasian and African foxtail millet landrace accessions inferred from genotyping-by-sequencing. *Plant Genome*, 14（1）, 2021, e20081

9）　Araki, M., Numaoka, A., Kawase, M. & Fukunaga, K. Origin of waxy common millet, *Panicum miliaceum* L. in Japan. *Genetic Resources and Crop Evolution*, 59（7）, 2011, pp.1303-130

ゲノムから探るアズキの起源

内藤　健　NAITO Ken

農研機構遺伝資源研究センター

アズキの栽培化は日本で始まったのか。最新のゲノム解析から，栽培アズキの起源を探る

1　ゲノムが考古の隙間を埋める

アズキの祖先種はヤブツルアズキといい，その主な生息地は日本(本州〜九州)である。また，縄文遺跡から多くのアズキ種子やその痕跡が見つかっていることから，日本人は稲作の伝来よりも遥か以前からアズキを食べていたと考えられる。しかも，縄文遺跡から出土するアズキ種子の大きさは5千年前には有意に大粒化しており，ヒトによる選抜の影響があったのではないかとも考えられる。興味深いことに，同時代の中国・韓国から出土するアズキ種子は小さいままであるため，アズキの栽培化は日本で先行していたと考える考古学者も増えてきたようだ[1]。

一方で，種子の大きさだけで判断するのは危険だという反論もある。種子の大きさは，温度や日照時間などの気象条件による影響を受けやすいからだ。同じ個体から収穫した種子であっても，種子の大きさには2倍以上のばらつきがあるのが普通だ。さらに，ある程度までは気温が低い方が種子は大きくなる。北海道産のアズキを使用していることを謳う和菓子業者は少なくないが，それは北海道の低温のおかげで大粒で甘みのあるアズキが採れるからだ(アズキの立場からすると，北海道は生存限界に近い過酷な環境なのだが)。したがって，縄文時代後期のアズキ種子が大粒だったとしても，それは当時その地域の気温が低かっただけかもしれない，といった反論を否定することはできない。

こういった問題に対して切り札となり得るのがゲノム解析である。ゲノムとは生き物の設計図だが，ゲノムのDNA配列からお互いの類縁関係を知ることもできる。近縁のものほどゲノム配列の一致度は高くなるからだ。したがって，世界中のアズキやヤブツルアズキのゲノムを比較すれば，どの地域のヤブツルアズキが現在の栽培アズキに最も近縁なのかが明らかとなる。それは，栽培アズキはその地域のヤブツルアズキから派生した(= アズキの栽培化がそこから始まった)ことを意味する。

そこで我々は，世界各国から収集してきた栽培アズキおよびヤブツルアズキについてゲノム解析を行ったのである。ちなみに，収集地は日本・韓国・中国・ブータン・ネパール・インド・ラオス・ミャンマー・タイ・ベトナムである[2]。日本の食べ物というイメージの強いアズキではあるが，案外アジア全域で栽培されているものである。

2　ゲノムで見えるアズキの集団構造

ゲノム解析の結果から，系統間の近縁度を二次元の座標に投影したものが図1である。○が栽培アズキで，×がヤブツルアズキだ。栽培アズキは大きく2つの集団に分かれているが，右下に集まっているのが日本・中国・韓国の栽培アズキで，上の方に集団を形成しているのがネパールやブータンなどヒマラヤ地方の栽培アズキだ。ヤブツルアズキも大きく2つの集団に分けられる。日本および韓国のヤブツルアズキはやはり右下に集まり，日本や韓国の栽培アズキと極めて近い集団を形成している。一方，左下に形成された集団はベトナムやミャンマーなど東南アジアのヤブツルアズキだ。真ん中にポツンとある×は中国のヤブツルアズキである。

さて，この図を遺伝学の視点から解説してみよう。まず，ヒマラヤ山脈あたりで栽培されているアズキは，日本や中国のアズキとは別物と言ってよいほどはっきりと分離しており，ヒマラヤの栽培アズキが日本の栽培アズキとはまったく異なる経緯で成立したことを示している。この結果からは，アズキが日本のアズキとは別にヒマラヤで独自に栽培化された可能性と，元々は東アジアで栽培されはじめたものが，早い時期にヒマラヤに伝わって独自の品種改良を経てきた可能性の2つが考えられる。だが，ヒマラヤのヤブツルアズキは，東南アジアのヤブツル

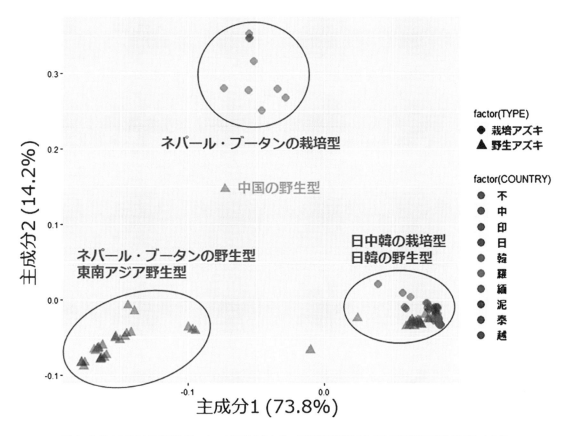

図1 全ゲノムの DNA 配列に見つかった変異の数から，系統間の近縁度を 2 次元の座標平面に投影したもの
○は栽培アズキを，×はヤブツルアズキを表す。近縁なもの同士は近くに，遠縁のものほど遠くに位置づけられる。

アズキと同じ集団を形成しており，同地域の栽培アズキからはやはり明確に分離している。したがって，先に述べた「アズキがヒマラヤで独自に栽培化された可能性」はほぼないことがわかる。もしこの地域のアズキが現地のヤブツルアズキが栽培化されたものだとしたら，この地域のアズキとヤブツルアズキは親子関係にあるはずで，だとすれば図中では互いに近縁な集団となっていなければならないからだ。したがって，ヒマラヤの栽培アズキは，別の地域から伝わってきたものだということになる。

　では本題の，東アジアのアズキはどうだろうか。先に述べた通り，中国のヤブツルアズキは日本や中国の栽培アズキとはかなり離れたところに位置づけられている。素直に解釈すれば，中国の栽培アズキは中国のヤブツルアズキが栽培化されたものではなさそうである（とはいえ，中国のヤブツルアズキサンプルは政治的な理由から

極めて入手が困難で，科学的な議論を展開するには数が足りていない。中国に生えているヤブツルアズキの中には，もっと右下の栽培アズキに近い系統があるかもしれない）。一方，日本や韓国の栽培アズキとヤブツルアズキは，お互いに相当近い関係にあるということがわかる。日本／韓国のアズキは，日本／韓国のヤブツルアズキから生まれたという解釈は，相当に現実的だ。

　しかし，まだ反論の余地はある。「中国で生まれたアズキが日本や韓国に伝わったあと，現地のヤブツルアズキと交雑した」というシナリオも考えられるからだ。栽培アズキとヤブツルアズキは交雑可能なので，1匹の蝶が栽培アズキの花とヤブツルアズキの花を往来すれば簡単に雑種ができてしまう。しかしある場所に生息するヤブツルアズキは，当然ながらその場所の気候や地理的条件に適応している。したがって，現地のヤブツルアズキの血が入った雑種アズキ

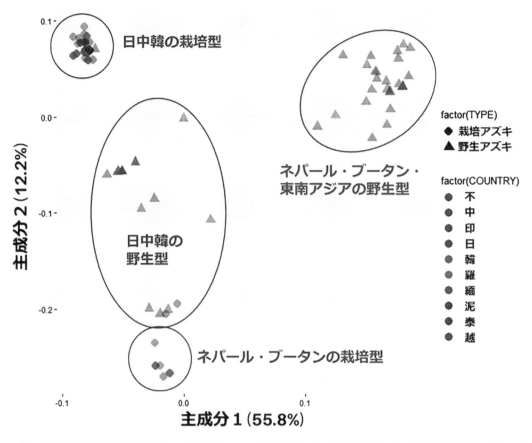

図 2　種子色の遺伝子座領域のみの DNA 配列に見つかった変異の数から，系統間の近縁度を 2 次元の座標平面に投影したもの
　　　○は栽培アズキを，×はヤブツルアズキを表す。近縁なもの同士は近くに，遠縁のものほど遠くに位置づけられる。

は，もとの栽培アズキよりも育ちが良くなる可能性が高い。そしてヒトは栽培と収穫を繰り返すうちにその地域での栽培に適したものを選抜するため，地域に定着した栽培アズキは，もとのアズキよりもその地域のヤブツルアズキに近縁なものになっていくわけだ。したがって，図 1 の結果だけでは，まだアズキの「中国起源説」と「日本／韓国起源説」のどちらが正しいのかという問題に決着を付けることはできないのである。

　ではどうするか。「交雑しても，ヤブツルアズキに同化する可能性がない部分」に注目するのである。例えば，種子の色を決定する遺伝子などだ。ヤブツルアズキの種子（厳密には種皮）が黒いのに対して，栽培アズキが赤いのは，色素合成を司る遺伝子の突然変異が生じたためだ[3]。そして特に東アジアでは栽培アズキのほぼ全品種が赤いのは，この地域では赤い豆に対するヒト

の嗜好性があまりにも強く，その赤色の突然変異遺伝子をずっと選抜しつづけてきたからだ。ヤブツルアズキと栽培アズキの雑種には，黒い種子を付けるものと赤い種子を付けるものの両方が生まれてくる。だがヒトは黒いアズキをほぼ完全に排除し，赤いアズキのみを選抜して栽培しつづけてきた。したがって，色素合成遺伝子についてはすべての栽培アズキが最初に生じた突然変異遺伝子を受け継いでいるのである。すなわち，現在の栽培アズキのゲノムにおいて，色素合成遺伝子の配列だけは栽培アズキの間にほとんど違いがないのである。このように，強力な選択圧によってゲノム上の特定の領域の多様性が集団から失われることを「選択的一掃」といい，作物が栽培化された際の人為選抜の痕跡などを検出する上で非常に強力な視標となる。

　さて，この選択的一掃の影響を受けた色素合成遺伝子とその周辺のゲノム配列だけを切り取り，

あらためて近縁度を計算した結果が図2だ。栽培アズキはやはり2つの集団に分かれるが，赤いアズキを好む東アジアの集団では配列がほぼ同一なので，互いに非常に近縁な集団となっている。一方，ヤブツルアズキは地域ごとにグループが分かれるだけでなく，グループ内での近縁度も東アジアの栽培アズキほど近くはないことがわかるだろう。

ところが，一系統だけ，左上の栽培アズキ集団の中にヤブツルアズキが紛れ込んでいる。すなわち，このヤブツルアズキがもつ色素合成遺伝子のDNA配列は，栽培アズキがもつ色素合成遺伝子のDNA配列に極めて近いということである。ヤブツルアズキなのだから，もちろん種子は黒い。だがこのヤブツルアズキのもつDNA配列の1ヵ所だけが変わったことで，最初の赤色突然変異が生まれたということだ。逆に言えば，このヤブツルアズキは「赤いアズキが生まれる一歩手前のDNA配列」を持っているということだ。

そしてこのヤブツルアズキは，長崎県で採取したものだった。マメの種子は鳥に運ばれることがあるので，この系統が1万年前からずっと長崎に生えていたものの子孫だという保証はない。だが，ゲノム全体で見れば日本のヤブツルアズキであることに間違いはなさそうなので，少なくとも九州あるいは西日本のどこかで最初の赤色突然変異が生まれたと考えて間違いないと言えるだろう。要するに，栽培アズキの赤色は，日本で生まれたという可能性が極めて高くなったのだ。

というわけで，栽培アズキの起源—少なくとも赤いアズキの起源—は，日本であるということがほぼ確定的となった。「ほぼ」という歯切れの悪い副詞を付けざるを得ないのは，やはり「赤いアズキが生まれる一歩手前のDNA配列」をもつヤブツルアズキが中国や韓国のどこかに生えている可能性がゼロではないからである。だが，実はすでに我々の手元にはもう一つ，栽培アズキの起源が日本であることを示す決定的なデータがある。それについては近い将来論文にして発表する予定なのでもうしばらく待っていてほしい。

註

1) 那須浩郎「縄文時代の植物のドメスティケーション」『第四紀研究』57，2018，pp.109-126

2) Xu HX, Jing T., Tomooka N., Kaga A., Isemura T., Vaughan D.A., Genetic diversity of the azuki bean (*Vigna angularis* (Willd.) Ohwi & Ohashi) gene pool as assessed by SSR markers. *Genome*, 51, 2008, pp.728-738

3) Kaga A., Isemura T., Tomooka N., Vaughan D.A. The Genetics of Domestication of the Azuki Bean (*Vigna angularis*). *Genetics*, 178, 2008, pp.1013-1036

古代日本語の中のいくつかの人名・地名の語源
考古学と DNA の特徴と関連して

遠藤 光暁　ENDO Mitsuaki
青山学院大学教授

日本語や日本人はどこから来たのか。言語学と考古学，DNA 分析の接点から――

1　朝鮮半島に分布する日本語地名

　朝鮮の歴史書『三国史記』「地理志」に現れる地名の中に，日本語で解けるものがあることは新村出の論文によって言語学界では早くから知られていたが[1]，それを初めて指摘したのは白鳥庫吉のようだ[2]。戦後にソウル大学の李基文が体系的な研究を行い，近年ではベックウィズが単行本サイズで論じている[3]。

　その一例として，「川」を表す単語の地理分布を見てみよう（図1）[4]。波線と縦棒の3地点以外は，日本語の「〜水」に相当すると解釈される。こうした日本語地名が38度線近くに集中することは以前から知られており，『三国史記』の区分による「高句麗」地域に当たることから，「高句麗語」が日本語であったとする説がある。しかし，高句麗は本来は現在の中国東北部にあり，南下して当該地域を版図に入れた期間は短く，また高句麗は国家名であり，それがどのような言語を話す諸民族からなっていたかは区別して考える必要がある。また，『三国史記』による「百済」地域の地名は白村江の戦いの後に漢字音の類似により中国風に改定されたものが多く，「新羅」地域の地名も異なる改定過程を経た可能性がある。

　こうした日本語地名を残した民族が濊族（わいぞく）だとする説を，言語学者の河野六郎が出している[5]。濊は，『三国志』「魏書・烏桓鮮卑東夷伝」濊条によると当時は朝鮮半島東海岸の江原道を中心として分布していたことになるが，同書・夫余条に「其印文言「濊王之印」，國有故城名濊城，蓋本濊貊（ぴとうい）之地，而夫餘王其中，自謂「亡人」，抑有似也。（その印の文は「濊王之印」となっていて，国には濊城という故城があり，おそらく本来は濊貊（わいはく）の地であり，夫余がそこを統治するようになり，自ら流亡者だと称しているのもむべなるかなである。）」とあり，もとは夫余の先住民であった如くである。王建新は，濊人がもと中国東北部にいて倭人の前身であることを青銅器の論拠によって詳しく論じている[6]。

Ｉ Z
／ A2
❖ A3
✳ A4
三国史記買勿など
― A1
◉ B
♠ C
〰 D

0　30　60　120 mi
0　50　100　200 km
Esri, HERE

図1　「川」を表す単語の地理分布

　宮本一夫は，土器の様式に基づき「古日本語は紀元前2400年頃の偏堡文化に由来し，その後の紀元前1500年頃に朝鮮半島南部まで稲作農耕文化を受容したことになる。」「北部九州に始まる縄文から弥生への置換が西日本全体において完成するのは，紀元前8世紀から紀元前3世紀の約500年間である。この段階こそ古日本語が西日本に広がっていく現象として捉えられる。」と述べる[7]。

　最近ロベッツらが遺伝学的根拠をもとにして西遼河に日朝語の原郷を求めたが[8]，もう少し東側の夫余の故地の古人骨 DNA の状況に関心が寄せられる。日本語話者が朝鮮半島を経由して日本列島に入ってきたことに関する理解は，そのほかの Janhunen, Vovin, Whitman ら欧米の日本語系統論者も同様である。そうした説については Wikipedia の "Peninsular Japonic" や「半島日本語」「濊貊語」および YouTube の "The History of the Japonic Languages" などで，細部はともかくとして大枠について知ることが手軽にできるようになっている。

2 「不」のつく地名

復旦大学の周振鶴・游汝傑は，「西晋（266-316）以前の朝鮮と山東には"不而"（楽浪郡，魏のときに"不耐"に改める），不其（琅邪郡），不夜（東萊郡）などの"不"を含む県名があり，山名には"不咸山"（西晋高句麗）がある。"不"は否定詞で，漢語地名では使わない慣例であり，"不"の地名は漢語に由来するものではなかろう。『山海経』には"不句山，不周山，不咸山，不姜山，不庭山，不距山"がある。上述の楽浪郡不而県は「不耐濊」という少数民族により命名されたものなので，不其，不夜，不咸なども濊族の系統の氏族名称である可能性が高い。」と述べ，こうした地名の分布する東北・朝鮮・山東沿海には商の末裔の民族が居住した可能性を提起している[9]。

そのうち，「不其」は山東半島の付け根・青島のあたりにある。Liu らはその近くにある北阡遺跡（5400BP）の古人骨[10]に対して mtDNA 解析を行い，現代日本人にも見られる B5b2a1 の 2 個体を見出している[11]。篠田謙一はさらに南よりの江蘇省の古人骨 mtDNA の研究を行い，徐州近辺に琉球・本土日本に連なる M7a, M10, M8a, M* を検出している[12]。ただし，こうしたハプログループは中国の他の地域でも見られるといい，とくに山東半島から日本列島に入った人類集団の流れがあったとするには証拠不足であるらしい。

一方，濊の本拠地の一つ「不耐」は北朝鮮・安辺にあったと推定され，青島もそうだが，海に面した東の端に立地し，「不」は「否」に通じるので，日本語の「日 pi[甲]」と解することができる。茨城県の日立などと同じく，日が昇る東端の地，という命名となる。「不耐」は，全体としては日本語の「日野」に当たる可能性がある。そこから類推して，他の「不」を含む地名も「日」を語源とするものが相当数ありうる。『魏志』によると三韓には「速盧不斯，不弥，不雲，不斯濆邪，不斯」など，倭には「不弥，不呼」があり，音通で「占離卑，卑弥」も該当するが，「卑離，監奚卑離，内卑離，辟卑離，牟盧卑離，如來卑離，楚山塗卑離」のように「卑離」と連なっているものは「平ひら」を表している可能性もある。

一方，『後漢書』循吏列伝には，楽浪の王景（字は仲通）の八世祖の仲はもと琅邪の不其の人であるという記載があり[13]，上述と合わせると楽浪郡の支配層の王氏は濊人であったこととなる。平壌貞柏洞の楽浪郡治の墓から，夫租薉君の印が出てきたのもそのような背景から理解できる。伊都国に常駐していた帯方郡の使者も濊人であったならば倭語も理解でき，漢語も能くした者が派遣されてきていたであろう。

鳥越憲三郎は，夫余諸国の建国神話が殷の徐国に由来するものとした[14]。そこで次節では「徐」に由来すると思われる人名・地名を見ることとしよう。

3 「徐みやこ」に由来する人名・地名

『三国志』夫余条には，「国有君王，皆以六畜名官，有馬加・牛加・豬加・狗加・大使・大使者・使者。（国には君王がいて，いずれも六畜によって官を名付け，馬加・牛加・豬加・狗加・大使・大使者・使者がいる）」とあり，この「加」は鮮卑語の「可汗 qaɣan」ないし「汗 qa'an」といった「王・長」を意味する単語に由来すると推定されている[15]。高句麗にも「相加・古雛加」のような「加」を含む官職名があった。

これを背景とすると，推古紀32年条に蘇我馬子が葛城県は自分の出身地なのでその県にちなんで姓名としたと推古天皇に奏上した記事に対する解釈を与えることが可能になる。まず，「姓名」を「カバネの名」と解しても，「臣おみ」であるのがどうして名称の上で「葛城」と関係があるのかわからない。それに対して，もし通常の姓の意味ならば，「蘇我」が「葛城」に因んだ名だということになる。「か」が「加＝王」であるならば，「葛城」は「か（加＝王）・つ（連体助詞）・ら（領域・土地）・ぎ（城・連濁して「～の城」）」であり，「王の領地の城邑」すなわち「首都」という意味となる。そして，「蘇我」の「我」が「が（加＝王・連濁して「～の王」）だとすると，「蘇」は「首都」に相当する意味だと推測される。

「蘇」に類する発音で「首都」という意味をもつ候補としては，新羅の「徐羅伐」の「徐」がすぐに挙がる。これは「羅」が落ちた形で現在の「ソウル」の語源となっているものであり，「伐」は通常の「町」という意味なので，「徐」が「みやこ」という意味を表しているものと解される。

図2 「谷」の分布

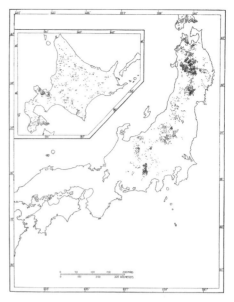

図3 「沢」の分布

これは葛城氏の祖の「葛城襲津彦」の「襲津彦」の「襲」にも当てはまり、「徐・つ（連体助詞）・日・子」で「みやこの立派な男子」となる。「き」のほうが城邑全体を指しているのに対して、「そ」は、その中にある「祭り事を行うところ」というさらに狭い場所を表すようである。つまり「葛城」を「東京都」になぞらえれば、「襲津彦」は「都庁の首長」つまり「都知事」にあたり、全体としては固有名詞ではなく官職名だということになる。葛城襲津彦は通常の寿命では考えられない長いタイムスパンで歴史記録に何度か現れるが、同一の官職名を担った人物が代々たくさんいたのでよい。

『三国志』「魏書」韓条に現れる「蘇塗」の「蘇」は「徐」と由来を同じくし、より原始的な段階の祭祀色の濃いものと思われる。「国邑」つまり「国都・首都」には「天君」が立てられ、「天神」を祭るのを司り、更に「蘇塗」という「別邑」があり、大木を立てて鈴鼓を懸け、「鬼神」に仕える、という。「鬼」は中国語では死者を指すので、祖先神の祭祀を行う如くである。中国語学者の藤堂明保が中国の「祖」と「社」の語源を論じたことがあり、音韻的には前者は歯音の系統で後者は舌音の系統なので峻別すべきだと説いた[16]。古代朝鮮では歯音と舌音が音通になることがあり、「蘇塗」の「蘇」は、「祖先神」の「祖」と神社の「社」の両方の性質を兼ね備えているようでもある。

神功紀62年条には「（葛城）襲津彦」に相当する『百済記』由来の「沙至比跪」という表記が現れ、4世紀末頃に当たるとされる。中国語音韻史では5世紀末以前を「上古音」とし、それ以降を「中古音」とする。普通に知られている日本呉音・漢音・朝鮮漢字音のいずれも中古音期に属し、上古魚部字の「徐」が「襲そ」となるのは中古音の音形であり、「沙さ」は上古音の音形を反映する。

このような上古音由来の音形は地名にも見られ、「讃良さらら」の「さ」がそれに相当すると考える。持統天皇の諱として天智紀七年条注に「娑羅羅」と音仮名で記されているので、これが古い発音であると知られる。ほかに「更荒・更浦・更占」という表記も知られていて、そのうち「浦」は語源を示すものと考える。つまり、このあたりは元は潟湖になっており、馬韓方面などから来た人たちが作った馬の牧である蔀屋北遺跡（しとみやきた）などからは船の一部が出土している。「さ」は「徐」で、「ら」は場所、「さら」で「祭祀場・神社のある所、みやこ」となり、それにさらに「浦うら」が付いたが、上代日本語では母音が重なると脱落するので「さらら」となり、「みやこの船着き場」といった意味だと解釈できる。「さら」に対して「讃さん」を当てるのは上古音でもとくに古い特質を保つものである[17]。

また福岡の「早良さわら」は10世紀の『和名類聚抄』では「佐波良」と注音があり、「徐さ・原はら」と分析され、「は pa > φa」は母音間でwaに変化しており、「みやこの平原」という語

源であったと考える。これと同じ発音の地名が玄界灘の向かい側にあり，まず草梁(現在の梁山)が候補に挙がり，『三国史記』では「歃良」と表記している。また広開土王碑に出てくる「従抜城」は「金官国の宮城の鳳凰台土城にほかならない」と東潮は述べる[18]。広開土王碑ではその直後に「城即帰服」とあり，攻撃するとそのまま「抜かれるのに従う城」という，「百済」を「百残」と表記するのと同じ筆法によっており，実際には「徐伐」，つまり「みやこ」が語源と考えられる。また釜山の現在の地名の「沙上・沙下」の「沙」や釜山駅もよりの繁華街・草梁も同列で，村くらいの規模の小国にそれぞれ祭り事を行う「みやこ」があるので，「徐」の含まれる地名は至る所に見つかる。吉武高木遺跡で出土した遺物は金海系甕棺など正に地名の指し示すあたりに由来すると考えられ，「早良」という地名も遺跡と同じ時期にもたらされた可能性がある。

4　おわりに

遺伝学的には渡来系弥生人のゲノムは，すでに現代日本人と重なり合う特質をもっていたといい，弥生・古墳・飛鳥時代に断続的に朝鮮半島を経由してきた渡来人は，大半が滅語つまり日本語系言語の話者であったと考えられる。これを一口でいうと，「日本人が日本に来た」ことになる。

縄文時代にも朝鮮半島東南沿岸部と九州北部との往来はあったが，それ以後の移住の方向は圧倒的に半島から列島に向かうものであった。縄文語が日本語だったと仮定した場合，朝鮮半島中部の日本語地名がどこから来たのか説明できず，ここから逆に推して縄文語は日本語ではなかったと推論される。

日本の地名で「谷」が西日本，「沢」が東日本に偏在することを鏡味完二がつとに明らかにしていたが(図2・3)[19]，『三国史記』日本語地名では「谷」が現れ，朝鮮半島由来であることがわかる。すると東側の「沢」は縄文語の残存を留めたものである可能性がある。

註

1)　新村　出「国語及び朝鮮語の数詞について」『新村出全集』1，岩波書店，1971(初出1916)

2)　白鳥庫吉「朝鮮古代地名考」『白鳥庫吉全集』3，岩波書店，1970，p.62(初出1895)

3)　李　基文「高句麗の言語とその特徴」『韓』1

(10)，1972(1961初出)。Christopher I. Beckwith, *Koguryo The Language of Japan's Continental Relatives*. Brill, 2007(初版2004)

4)　Mitsuaki Endo, Geographical distribution of certain toponyms in the *Samguk Sagi*. *Anthropological Science*, 129(1)，2021

5)　河野六郎『三国志に記された東アジアの言語および民族に関する基礎的研究』東洋文庫，1993

6)　王　建新『東北アジアの青銅器文化』同成社，1999

7)　宮本一夫『東北アジアの初期農耕と弥生の起源』同成社，2017，p.276・278

8)　Martine Robbeets et al. Triangulation supports agricultural spread of the Transeurasian languages. *Nature*, 599, 2021

9)　周　振鶴・游　汝傑『方言与中国文化』上海人民出版社，1986，pp.158-159。内田慶市・沈　国威監訳『方言と中国文化』光生館，2015，pp.198-199

10)　中橋孝博『倭人への道：人骨の謎を追って』吉川弘文館，2015

11)　Liu, Juncen *et al*. Maternal genetic structure in ancient Shandong between 9500 and 1800 years ago. *Sci Bull*（*Beijing*），66(11)，2021，pp.1129-1135

12)　篠田謙一「ミトコンドリアDNAの研究」山口敏・中橋孝博編『中国江南・江淮の古代人：渡来系弥生人の原郷をたずねる』てらぺいあ，2007

13)　甘懐真「東北亞古代的移民與王權發展：以樂浪郡成立為中心」『成大歷史學報』36，2009

14)　鳥越憲三郎『古代朝鮮と倭族』中央公論新社，1992

15)　前掲註3李1972に同じ

16)　藤堂明保『中国語学論集』汲古書院，1987，pp.215-223(初出1957)

17)　遠藤光曉「中国語上古音の最近の推定から見た本邦最古の漢字音」『岩波講座世界歴史6中華世界の再編とユーラシア東部4～8世紀』岩波書店，2022，pp.290-291。ほか筆者の「最古期日朝漢字音における末尾音の弱化・脱落」『青山経済論集』73(4)，2022，「『三国史記』地名漢字の通用例に反映した清濁合流の地理分布」『経済研究』14，2022，「日朝最古層漢字音所反映的上古方音札記」『方言比較与呉語史研究』中西書局，2022，「日本最古層漢字音簡論」『「訳音対勘」的材料与方法』黄山書社，2022，「於羅瑕と鞬吉支」『青山経済論集』74(4)，2023などに関連する論述が含まれる。

18)　東　潮『倭と加耶』朝日新聞出版，2022，p.150

19)　鏡味完二『日本地名学　地図篇』日本地名学研究所，1958，pp.13-14

ＤＮＡ分析と考古学

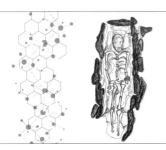

最新のDNA分析から，ヤポネシア人の親族構造や人の移動・集団の性格などを解明する

縄文研究とDNA分析／土器の系統と核ゲノム／群馬県八束脛洞窟遺跡の在来（縄文）系弥生人／鳥取県青谷上寺地遺跡にみる弥生後期の集団像と社会的環境／古墳時代の親族構造論とDNA分析／DNAから探る古墳社会親族関係の一様相／貝交易の運搬人を追う

縄文研究とＤＮＡ分析
縄文人の家族・親族構造をめぐって

山田康弘　YAMADA Yasuhiro
東京都立大学教授

考古学にDNA分析をはじめ理化学的分析を融合した統合生物考古学は，縄文時代の家族形態や親族構造にどこまでせまれるだろうか

　本稿において筆者に与えられたテーマは，DNAの分析が縄文文化の研究にどのような形で利用できるかという点を記すことである。縄文人の系統論および動植物に関しては他の方が執筆される予定であるので，ここでは筆者が推進している統合生物考古学（Integrative bioarchaeology）における縄文人の家族形態と親族造論への応用について述べていきたい。

1　縄文時代の家族・親族構造をめぐる若干の研究史

　縄文人の家族や親族構造についての議論は第二次世界大戦後になってから始まったが，その大きな進展がみられたのは1970年代からである[1]。中でも，出土人骨の抜歯という生前付加属性を用いて分析を行った春成秀爾の一連の研究は，人骨情報の応用という観点からも注目される[2]。しかしながら，1980年代になると田中良之らによる歯冠計測値による親族構造の研究が進み，春成による抜歯仮説に対して反論が行われるようになった[3]。

　歯冠計測値以外に遺伝的な特徴を利用した研究方法に，頭蓋形態非計測的小変異による遺伝的関係の推定がある。この方法は海外においていくつ

かの研究事例があるものの，日本において頭蓋形態小変異に注目し，宮城県里浜貝塚出土人骨においてその血縁的関係を示唆したのは百々幸雄である[4]。筆者も愛知県保美貝塚出土人骨における頭蓋形態小変異，とくに前頭縫合に注目して，埋葬小群内に遺伝的近親者が存在する可能性を指摘し，その内容について言及したことがある[5]。しかしながら，これらの研究方法も昨今の古代DNAを含めた各種理化学的分析技術の向上と発展により，大きく様変わりしつつある。この新しい学術領域のことを，統合生物考古学と呼ぶ。

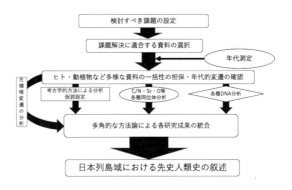

図1　統合生物考古学（Integrative bioarchaeology）における
先史時代の研究モデル

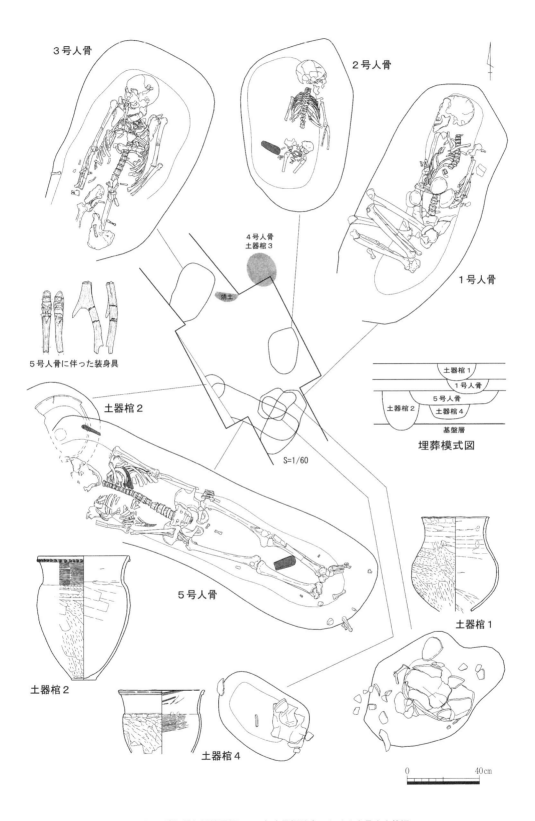

3号人骨

2号人骨

4号人骨
土器棺3

焼土

1号人骨

5号人骨に伴った装身具

土器棺2

S=1/60

埋葬模式図

土器棺2

5号人骨

土器棺1

土器棺4

0   40cm

図2　愛知県伊川津貝塚 2010 年度発掘地点における人骨出土状況

2 統合生物考古学による研究事例

統合生物考古学にはすでに方法論的モデルが存在し（図1），縄文時代における実践例としては，岩手県蝦島貝塚および愛知県伊川津貝塚の事例をあげることができる。ここでは伊川津貝塚の事例を紹介しよう。

愛知県田原市に所在する伊川津貝塚は，多くの縄文人骨が出土することで早くから注目された，学史上重要な遺跡である。田原市教育委員会によって行われた2010年度の発掘調査では，狭い範囲ながらも土坑墓内に埋葬された人骨が6体出土している[6]。これらの人骨群は，考古学的属性の共通性から，埋葬小群を構成するものと考えられる（図2）。これらの人骨群に関しては，すでに様々な分析が行われている。まず，各人骨の考古学的属性は，以下のようになる。

1号：壮年期（20歳程度）・男性。仰臥・屈葬例。2C系抜歯が施される。装身具：サメ歯製垂飾1，副葬品：磨製石斧1。

2号：乳～幼児期（2歳以下）・性別不明。俯臥・屈葬例。副葬品：磨製石斧1。

3号：壮年期・女性。仰臥・伸展葬例。4I系抜歯が施される。胸部に赤色顔料散布。副葬品：磨製石斧1。

4号：大人（IK002）と子供（IK001）の合葬例。

IK001：5～6歳程度の幼～小児期段階の子供。埋葬姿勢不明。IK002の腹部上に置かれた形で埋葬される。

IK002：熟年期・女性。仰臥・伸展葬例か。4I系抜歯を施される。頭部・頸部に赤色顔料散布。土器棺が頭部に接する。腸骨に妊娠痕が観察できる。未掘。

5号：熟年期・男性。仰臥・伸展葬例。2C系抜歯を施される。装身具：胸部に叉状角器1，腰部に鹿角製腰飾り1。副葬品：磨製石斧1。

この埋葬小群では，男性が2C系列，女性が4I系列の抜歯という性別区分があり，いずれも小型の磨製石斧を副葬するという共通性をもつ。葬法上の共通性からみて，これらの埋葬例は一定の墓制によって規制を受けていたと考えられる。それを追認するために年代測定値を見てみよう。

それぞれの人骨の[14]C年代は米田穣によって測定されており，それによると1号人骨：2600

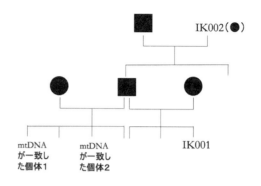

図3　伊川津貝塚2010年度出土人骨に想定される家族構成

± 21 BP，2号人骨：2691 ± 20 BP，3号人骨：2612 ± 20 BP，4号（IK001）：2638 ± 16 BP，4号（IK002）：2681 ± 16 BP，5号人骨：2624 ± 20 BP である[7]。いずれの事例も2600 BP台の炭素年代を示しており，これらが連続的に埋葬された埋葬小群を構成すると考えることに整合的である。

次に，Sr同位体分析による出土人骨の出身地推定について考えてみよう。日下宗一郎によって，Sr同位体の分析が行われている。それによれば，6体ともエナメル質と骨におけるSr同位体比が大きく異なることはなく，基本的には伊川津貝塚周辺で出生・成長した人々であったと考えられる[8]。

これらの点を踏まえた上で，各人骨におけるmtDNA分析の結果を見てみよう。4号合葬例は，これまでの分析によって，合葬例でありながらもmtDNAが一致せず，親子関係にはないことが判明している[9]。この2体に加えて他の5検体（別年度出土人骨1例を含む），合計7検体のゲノム解析を行い，プレ・リミナリーにミトコンドリア全塩基配列（約1万6千塩基対）を解析したところ，少なくとも6つの異なる配列が検出され，一組のみ同一配列である可能性が示された。これらの分析結果を勘案して，筆者は図3のような家族構成を復元している[7]。これは埋葬小群が三世代にわたるものであり，かつ一夫多妻婚を想定するものである。この仮説については，現在研究が進められている核DNAの分析結果を待って検証したい。

3 縄文研究と DNA 分析
─家族・親族構造をめぐって─

すでにゲノム分析が進められている岩手県蝦島（貝鳥）貝塚の事例も含めて[10]，年代測定によって埋葬時期の連続性が保証され，同一埋葬小群内に存在し，考古学的属性が共通し，かつミトコンドリアないし核 DNA の分析ができた事例において，核家族や 3 世代程度の拡大家族などに対応すると考えられる人々は，今のところ確認されていない。むしろ，何らかの形で血縁関係が推定できた事例であっても，人骨相互の出土位置は必ずしも近接するものではないことがある。このことは，縄文人が埋葬地点の選定にあたって，直接的な血縁関係をさほど重視していない場合もあったことを指し示すものである可能性さえ想定しなければならない。

従来の解釈では，埋葬小群は世帯や 3 世代程度までの拡大家族の埋葬地点と考えられてきたが，現状ではその解釈をそのまま首肯することはできず，さらなる検討が必要である。

4 おわりにかえて─DNA分析における問題点─

このように，縄文時代の家族形態や親族構造を検討する上で，DNA 分析は大きな武器となる。しかしながら，その利用と得られた結果に対する評価については問題も残っている。たとえば，核 DNA の分析を行い具体的な家族像を描こうとしても，親兄弟を超え 3 親等以上離れる人々の関係を，高い蓋然性をもった形で提示することは非常に難しい。

そして，さらに問題なのは，古代 DNA 解析に使用されるコンピューターソフトにおいて，どのようなパラメーターを設定するかによって，得られる分析結果が異なる場合があるということである。この点においては，慎重な判断が必要であろう。

また，近年特定の DNA 情報と考古学的資料を安易に結びつけて解釈するような研究も出てきている。DNA 情報が物質文化と必ずしも同期するものではないことを，改めて考える必要があるだろう。

加えて，上記の点も踏まえた上で，得られた結果を第三者が検討して，その妥当性が承認されるかどうかという問題も残っている。私たち考古学者はこれまでにも「脂肪酸分析」など理化学的な分野との協業において，「痛い目」を見てきている。統合生物考古学を確実に科学（science）としていくためにも，国際学術雑誌への投稿などによる第三者のレフェリーを受けるということは，今後絶対に避けて通れない道程である。

註

1) 山田康弘「葬墓制研究 ─ 墓制論 ─ 」『縄文時代』10 ─ 3，1999，pp.59 - 71
2) 春成の業績は多いが，たとえば，春成秀爾「抜歯の意義（1）」（『考古学研究』20 ─ 2，1973，pp.25 - 48）や，春成秀爾「縄文晩期の婚後居住規定」（『岡山大学法文学部学術紀要』40（史学篇），1979，pp.25 - 63）などをあげることができる。
3) たとえば，田中良之・土肥直美「出土人骨の親族関係の推定」小野田勝一・春成秀爾・西本豊弘編『伊川津遺跡』渥美町教育委員会，1988，pp.421 - 425
4) 百々幸雄「宮戸島里浜貝塚出土の縄文時代頭蓋について ─ 松本彦七郎博士発掘資料 ─ 」『人類学雑誌』89 ─ 3，1981，pp.283 - 302
5) 山田康弘「縄文人骨の形質と埋葬属性の関係（予察） ─ 頭蓋形態小変異と埋葬位置，抜歯型式について ─ 」『日本考古学協会第 67 回総会研究発表要旨』2001，pp.38 - 41
6) 増山禎之・鷺坂有吾 編『伊川津貝塚・平野貝塚調査概要報告書』田原市教育委員会，2015
7) 山田康弘ほか「愛知県伊川津貝塚出土人骨における埋葬属性と mtDNA 分析結果」『日本考古学協会第 89 回総会研究発表要旨』2022，p.4
8) KUSAKA *et al*. Strontium isotope analysis on human skeletal remains from the Hobi and Ikawazu shell-mounds in Aichi Prefecture, Japan. *Anthropological Science*, 130-1, 2022, pp.25-32
9) Waku *et al*. Complete mitochondrial genome sequencing reveals double-buried Jomon individuals excavated from the Ikawazu shell-mound site were not in a mother–child relationship. *Anthropological Science*, 130-1, 2022, pp.39-45
10) 山田康弘・米田　穣「岩手県蝦島貝塚出土人骨の埋葬属性と mtDNA・年代測定の分析結果からみた縄文墓制の一様相」『国立歴史民俗博物館研究報告』242，2023，pp.15 - 33

土器の系統と核ゲノム
弥生早・前期を中心に

藤尾慎一郎　FUJIO Shin'ichiro
国立歴史民俗博物館教授

土器の系統が異なるのはなぜか。DNA分析により，その背景となる生業や文化の違い，人の移動などが明らかになりつつある

1　はじめに─DNAと考古学─

2018年に始まったヤポネシアゲノムプロジェクトにおける筆者の担当は，DNAを使って弥生時代の親族関係を復元することであった。

九州北部の代表的な墓制である甕棺墓が，中期前半を中心に二列に並んで埋葬されることが知られているが，列の違いがむらの出身者かそうでないかという，出自の違いなどを意味しているという春成秀爾の指摘[1]があるので，この問題を考えるための切り札として核ゲノム分析を行うことを考えたのである。

甕棺に葬られている弥生人の核ゲノムがわかれば，並んで葬られた男女が親族関係にあるのか，などの問題をはっきりさせることができる。たとえば並んで葬られている年齢の近い男女の核ゲノムが異なれば夫婦の可能性が高まるし，男女の核ゲノムが似ていれば二人の年齢を参考にしながら兄妹や姉弟など，具体的な親族関係を推定することが可能となる。

ところがこの目的はプロジェクトを進めて行くにつれて，以下の3点から実現性が低いことがわかってきた。

第1に核ゲノム分析が可能な人骨がきわめて少ないことである。甕棺から出土する人骨には，見た目，コラーゲンがよく遺っているように見える骨が多くあるが，分析に必要な量に満たない場合が多い。

第2に核ゲノム分析に有効な部位，すなわちコラーゲンの遺りがよい大臼歯と側頭骨を得ることが難しいことである。とくに側頭骨は，頭骨を復元する際にパーツとして組み込まれていることが多いので，復元してある頭骨をバラしてまで側頭骨からコラーゲンをとることは憚れるし，万一，その許可が出たとしても，作業のためには頭骨ごとラボのある山梨まで運ばなければならず，手間がかかるのである。

第3に時期比定の問題である。二列埋葬がもっとも盛んになるのは，中期前半の汲田式甕棺の段階である。弥生長期編年のもとでは汲田式甕棺が100年あまり使われたことがわかっているので，この甕棺に並んで葬られている2人が，いつごろ，亡くなったのかを知るには，骨の炭素14年代測定を行う必要がある。

なぜなら，100年前の汲田式甕棺に葬られたのか，1年前の汲田式甕棺に葬られたのかを明らかにしない限り，2人がどういう関係にあったのかを推定することができないからである。

年代測定もコラーゲンを試料とするので，側頭骨から試料を得るケースがどうしても増えてしまう。

以上のような3つの理由から，親族構造を復元できるだけのサンプルを集めるためにはハードルが高いことがわかってきたのである。そこで，今後どうすべきか検討していたところへ飛び込んできたのか，2例のDNA分析結果である。

2　通説の見直しにつながる人骨？

韓半島新石器時代の人骨と愛知県の弥生前期の人骨である。

(1) 釜山特別市獐項遺跡

釜山特別市加徳島獐項遺跡から出土した6,300年ほど前の前期新石器時代の人骨である（図1）。形質，核ゲノムとも渡来系弥生人に似ていることもあって[2]，もしこのような人骨が弥生時代の墓から見つかれば，渡来系弥生人と鑑定しても不思議ではない。しかも，墓壙まで弥生中期前半の甕棺にみられるのと同じく列状に並んでいた。もちろん縄文時代には，こうした特徴をもつ人骨や遺跡は知られていない。

弥生時代が始まる3,000年以上前の韓半島南部にこのような特徴をもつ人びとがいたという事実は，弥生時代に水田稲作を伝えたとされる青銅器文化人に関するこれまでの考えや，渡来系弥生人成立に関する二重構造モデルに再考を促す可能性があった。ただ，本稿の内容とは直

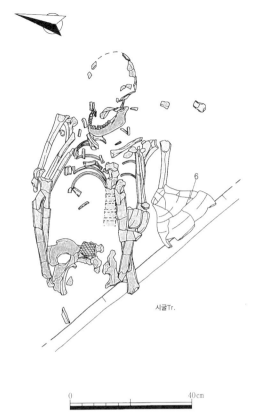

図1 璋項遺跡出土2号人骨 (註4より)

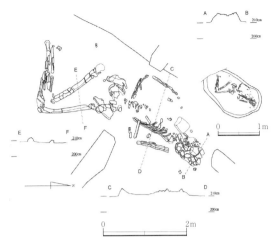

図2 朝日遺跡13号人骨の土坑出土状況 (註8より)

接関係がないので，詳細は別の論文を参照いただきたい[3]。

(2) 清須市朝日遺跡

あいち朝日遺跡ミュージアム建設に伴う発掘調査で出土した20数体の渡来系弥生人のうち，2体について炭素14年代測定[5]とDNA分析を行った[6]。

墓地は，この地域でもっとも古い水田稲作民の遺跡の一つである貝殻山貝塚の南側に位置することから弥生前期と推定されていたが，発掘の結果，弥生中期中葉以降，もしくは古墳時代の可能性もあるとのことであった（図2）[7]。

炭素14年代は，2528 ± 21 14C BPで，較正暦年代はⅠ期古段階～中段階（2σで前775 - 前540）である。伊勢湾沿岸地域の水田稲作はⅠ期中段階に始まっているので，この人骨の時期も中段階，つまり前6世紀後半と考えた。

またこの地域の水田稲作は，考古学的にみて滋賀方面からやって来た人びとによって始まったと考えられている。

篠田謙一は朝日遺跡13号人骨の渡来系弥生人について，分析前は韓半島に起源をもつ青銅器時代人が九州北部に渡来し，その後，その子孫たちが水田稲作を東へ東へと広めていく途中で，西日本各地の在来（縄文）系弥生人と混血を重ねただろうから，縄文人由来の核ゲノムの比率は高いと予想していた。

しかし分析の結果，縄文由来の核ゲノムの痕跡がほとんど認められず，西日本の渡来系弥生人の中でも現代の中国北部系（華北）の核ゲノムにもっとも近いことがわかった（口絵1の下）。これは九州北部から400年ほどかけて伊勢湾沿岸地域に広がってくる過程で，在来（縄文）系弥生人とほとんど混血せずに到達したことを示唆している。

この結果について，私はあまり意外ではなかった。実は考古学の世界では90年代より，渡来人と在来（縄文）系弥生人との混血は，福岡県の三国丘陵でも朝日遺跡近辺でも，水田稲作民（渡来系弥生人）の出現直後ではなく，しばらくたってから始まると考えられてきたからである。

考古学者がそのように考えた理由の一つは，折衷土器の出現時期であった。折衷土器とは異系統の土器の器形，製作技法，文様などを受け入れて，双方の要素を併せ持つ土器のことを指す。たとえば，弥生前期に新しく登場する板付・遠賀川系甕の胴部に，弥生早期由来の突帯文系甕の特徴である胴部突帯を貼り付けるような場合である。三国丘陵で折衷土器が本格的に見られるようになるのは，板付Ⅱb式（前期後半）からである。

伊勢湾沿岸地域でも，当初は在来の採集狩猟民をまったく含まない，いわばコロニー的な集落を営んでいた水田稲作民だが，その後，採集狩猟民

との交流が進むにつれ，採集狩猟民の甕組成の中に，遠賀川系土器を模倣した在地色の強い土器が増え始めるという。

また当初，混血していなかった状況も土器にみることができる。遠賀川系土器の斉一性と呼ばれている現象である。九州北部から伊勢湾岸沿地域までの遠賀川系土器は器形や文様がよく似ていて，その理由は水田稲作がわずか30〜60年というあまりにも短時間で九州北部から伊勢湾沿岸地域まで広がったからだと考えられてきた。

現在では，九州北部から近畿まで水田稲作が広がるのに約250年かかっていることがわかっているので，短期間の拡散が斉一性の理由ではない。そのため，拡散の過程では西日本の各地で混血しなかったという核ゲノムの分析結果が，斉一性に関係しているのかもしれないと思ったのである。

次に，生業の違いが核ゲノムの違いを反映している可能性について考える。

3　核ゲノムが異なる生業を異にする人びと

伊勢湾沿岸地域では1950年代から，遠賀川系土器（図3-①・②）を使う水田稲作民と，条痕文系土器（同③・④）を使う採集狩猟民との住み分け説が唱えられ，土器の系統の違いが出自と生業の違いを反映していると理解されてきた。

今回，朝日遺跡の水田稲作民の核ゲノムが渡来系弥生人そのものであったことを受けて，同時期に条痕文系土器を使っていた採集狩猟民の核ゲノムについて検証してみよう。

朝日遺跡と同時期ではないが，前9〜前8世紀，弥生早期後半の渥美半島に暮らしていた採集狩猟民である愛知県伊川津貝塚2号人骨（本誌山田論文2号人骨と同じ）の核ゲノムが，縄文人そのものであったことを覚張隆史らが明らかにしている。

朝日13号人骨との時間差は300年ほどあるが，朝日人骨が出現する前6世紀後半になっても条痕文系土器を使う人びとの水田跡は見つかっていないので，依然として縄文以来の採集狩猟生活を送っていたと考えられている。すると縄文人そのものの核ゲノムを受け継いでいる可能性も高い。

すなわち，この地域における弥生前期の水田稲作開始期においては，生業や土器の系統の違いと核ゲノムの違いが一致する可能性が高いと考えられるのである。

図3は，伊勢湾沿岸地域のⅠ期中段階〜新段階

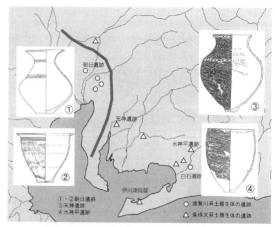

図3　伊勢湾沿岸の前6世紀後半頃の遺跡分布

①・②朝日遺跡　③天神遺跡　④水神平遺跡
○遠賀川系土器主体の遺跡　△条痕文系土器主体の遺跡

における遺跡分布である。○は水田稲作を行い，遠賀川系土器を使用する水田稲作民の遺跡，△は条痕文系土器を使う採集狩猟民の遺跡である。地図の中央の縦線から西に○が集中し，東に△が集中していることがわかる。

1950年代から水田稲作民と採集狩猟民との住み分けが議論されていたこの地域において，朝日13号人骨の核ゲノムが明らかにされたことは，生業や文化だけではなく核ゲノムも異なっていた可能性が出てきたことになる。

なかには豊橋市白石遺跡のように，縦線よりも東の地域にも，生業や使用する土器を異にして環壕集落を造り暮らしていた西伊勢系の水田稲作民もいる。水田稲作民が今後，条痕文系土器を使う在来の採集狩猟民とどのように交流し，新しい中期社会ができあがっていくのか興味深い。

伊勢湾沿岸地域以外にも，板付・遠賀川系土器を使用せず，弥生早期以来の突帯文系の甕を使い続ける人びとがいるが，伊勢湾沿岸地域の条痕文系土器を使う人びととはまた異なる様相を示す。

4　土器の系統を異にする水田稲作民

鳥取平野，有明海沿岸，薩摩半島西海岸，豊後には，突帯文系の甕を使用する弥生前期の水田稲作民が暮らしている[9]。生業は水田稲作だが，板付・遠賀川系土器を主に使わない人びとである（図4）。

たとえば，鳥取平野では，鳥取市本高弓ノ木遺跡において，古海式とよばれる砲弾型一条甕が95％以上を占める。この地域で水田稲作が始まっ

図4　西日本における弥生前期の主要甕 (註9より)

た段階である。

　有明海沿岸から薩摩半島にかけての九州西部には，亀ノ甲Ⅰ式や高橋Ⅱ式とよばれている砲弾型二条甕という突帯文系甕が，豊後では口縁端部から突帯幅一つ分以上，下がったところに突帯を一条，貼り付ける下城式とよばれる砲弾型甕が主要な甕形土器として95％以上の比率を占めている。

　伊勢湾沿岸地域との最大の違いは，同じ突帯文系の甕をメインとしているにもかかわらず，佐賀県吉野ヶ里遺跡に代表されるように，前7世紀の弥生前期中ごろから水田稲作を始めて，環壕集落を造るという，すでに農耕社会を成立させている点である。水田稲作を行わず条痕文系土器を使用し，縄文系の第2の道具を使ったまつりを続けていた伊勢湾沿岸地域の採集狩猟民とは，生業や社会基盤を異にする水田稲作民だったのである。

　佐賀平野の弥生時代人のDNA分析は基本的に行われていないので，瀬戸内や近畿で遠賀川系土器を使う渡来系弥生人の核ゲノムと違うのかどうか，現状では不明である。

　また吉野ヶ里遺跡出土の弥生人の形質学的な調査報告は，発掘調査後40年近くたった現在でもまだ出ていないが，渡来系弥生人であることは間違いないようである。しかし佐賀平野の渡来系弥生人と福岡平野の渡来系弥生人との間には，形質的に違いがあることを中橋孝博が指摘している。

　こうした形質の微妙な違いが核ゲノムの違いにも反映することは，佐世保市下本山岩陰遺跡から見つかった紀元前後の西北九州弥生人でも確認されている。これらの課題の解決のため，本プロジェクトでは一昨年から，人骨の所蔵者である佐賀県教育委員会を通じ保管している長崎大学にDNA分析を申し込んでいるところである。

5　おわりに

　一般に，核ゲノムが異なるからといって文化や生業が異なるわけではないものの，水田稲作開始期に限っては違いをみせる場合があることを述べた。

　しかも在来(縄文)系弥生人と渡来人の核ゲノムはまったく異なるので，水田稲作開始期の人骨群のなかに渡来人の核ゲノムをもつ人が見つかれば，それは明らかに日本列島外からやってきた渡来人および直系の子孫であることを意味している。

　渡来人がどのぐらいやって来たのかはわからないし，また水田稲作開始期だけに来ているのか，それとも鉄器がはいってくる前4世紀前葉にも来ているのか，渡来の波は複数あるので，実態は複雑である。人の移動に慎重になりがちな考古学研究を進めるためにも，人の移動を直接，証明できる核ゲノム分析の役割は，今後ますます大きくなっていくことだろう。

註

1)　春成秀爾「弥生時代九州の居住規定」『国立歴史民俗博物館研究報告』3，1984，pp.1 - 40

2)　篠田謙一・神澤秀明・角田恒雄・安達　登「韓国加徳島獐項遺跡出土人骨のDNA分析」『文物』9，韓国文物研究院，2019，pp.167 - 206

3)　藤尾慎一郎「弥生人の成立と展開Ⅱ」『国立歴史民俗博物館研究報告』242，2023，pp.35 - 60

4)　『釜山加徳島獐項遺跡』古蹟調査報告34，韓国文物研究院，2014

5)　藤尾慎一郎・坂本　稔・瀧上　舞「愛知県清須市朝日遺跡出土弥生人骨の年代学的調査」『国立歴史民俗博物館研究報告』228，2021，pp.267 - 275

6)　篠田謙一・神澤秀明・角田恒雄・安達　登「愛知県清須市朝日遺跡出土弥生人骨のミトコンドリアDNA分析」『国立歴史民俗博物館研究報告』228，2021，pp.277 - 285

7)　愛知県教育サービスセンター 編『朝日遺跡Ⅵ』愛知県埋蔵文化財センター，2000

8)　多賀谷昭・山田博之「朝日遺跡出土の人骨について」『朝日遺跡Ⅵ』愛知県埋蔵文化財センター，2000，pp.557 - 574

9)　藤尾慎一郎「水稲農耕開始期の地域性」『考古学研究』38—2，1991，pp.30 - 54

群馬県八束脛洞窟遺跡の在来(縄文)系弥生人

設楽博己　SHITARA Hiromi
東京大学名誉教授

関根史比古　SEKINE Fumihiko
安中市文化財課

篠田謙一　SHINODA Ken-ichi
国立科学博物館館長

藤尾慎一郎　FUJIO Shin'ichiro
国立歴史民俗博物館教授

坂本稔　SAKAMOTO Minoru
国立歴史民俗博物館教授

神澤秀明　KANZAWA Hideaki
国立科学博物館

採集狩猟民と水田稲作民は同時に存在していたのだろうか

1　はじめに─研究の経緯─

　2018年に始まったヤポネシアゲノムプロジェクトにおける弥生時代人研究の目的の一つに，水田稲作民と採集狩猟民との住みわけがある。

　採集狩猟民しかいなかった地域で水田稲作が始まった当初は，採集狩猟民と水田稲作民が同時に存在して住み分けていることが想定されるわけだが，実証的に証明するのはきわめて難しい。

　古くは1950年代に，伊勢湾沿岸地域において生業を異にする人びとが立地を違えて存在していたことが証明されている。九州北部や近畿においても，遠賀川系土器と突帯文系土器の出土状況を手がかりに，住み分けをめぐる議論はおこなわれたが，時期差とする根強い考え方に阻まれ，一般に認められたとはいえない状況にあった[1]。

　転機が訪れたのは土器付着炭化物を試料とする炭素14年代測定によって，遠賀川系土器と突帯文系土器との同時存在を証明できるようになってからである[2]。これにより生業を異にして，系統の異なる土器を用いる人びとが，同じ地域に同時に存在していたことが明らかになったわけだが，水田稲作をおこなう人びとは渡来系弥生人か，在来(縄文)系弥生人か，といった集団の出自問題は残されたままであった。

　そこで核ゲノムを使えば，生業や土器の系統を異にする人びとの違いの実態を明らかにできると考え，水田稲作開始期を中心に，西日本の弥生人骨のDNA分析をおこなってきた。その内容は，本号の藤尾論文(52頁)でも紹介している。

　本州でもっとも遅く水田稲作が始まる東日本でも，同じような状況が存在したと考えられるため，分析資料の選択をおこなった。そのうちの一つが本稿で報告する群馬県八束脛洞窟遺跡

の人骨である。

　以下，遺跡の考古学的な内容を紹介した後，年代測定，DNA分析結果について報告後，今回の分析結果が意味することについて考察することにしたい。　　　　　　　　　　　　（藤尾）

2　八束脛洞窟遺跡の概要と弥生土器

(1)　八束脛洞窟遺跡の概要

　八束脛洞窟遺跡は，群馬県北部の水上町に所在する。利根川の上流左岸，石尊山の中腹に開口したA〜Dの4つの洞窟である。標高はおよそ650mである。B洞には神社があり，江戸時代に社殿を建立した際に多量の人骨が出土したと伝えられている。D洞は1955年に山崎義男によって発掘され，1983年に宮崎重雄，外山和夫，飯島義雄らによって踏査された[3]。

　その際に採集された遺物は，土器，石器，石

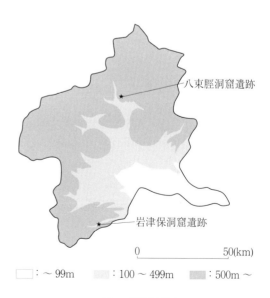

八束脛洞窟遺跡

岩津保洞窟遺跡

0　　　　　　50(km)

□ : 〜99m　　■ : 100〜499m　　■ : 500m〜

図1　遺跡位置図

製品，人骨，人骨と歯の加工品，貝製品，牙角製品，獣骨である。土器には縄文時代前期土器や奈良時代の土師器や須恵器の破片もわずかに含んでいるものの，弥生時代中期中葉が主体をなす。

人骨は多量で身体の各部分にわたり，いずれも焼けて灰白色をしたものが多く，軽度の歪みや亀裂がある。年齢はさまざまで，男女とも含まれていると推定されている。14体の下顎骨に抜歯が認められるが，そのなかには4I系およびその可能性のある抜歯が6体，2C系の可能性のある抜歯が6体含まれている。加工された人骨と歯は，穿孔された歯8本と穿孔された手の指骨10個である。

今回分析したのは，群馬大学共同教育学部が所蔵している人骨である。群馬大学で所蔵したいきさつは不明である。D洞の資料と考えられているが，詳細は不明であり，出土したものか採集したものかもわからない。

群馬大学所蔵資料は，土器の破片が縄文土器を含めて38片と，人骨1箱および磨石1点と自然礫が3点である。人骨は焼けて灰白色を呈し，歪みやひび割れを有す。抜歯人骨や穿孔人歯骨は認められない。このうちの側頭骨破片1点を分析の対象とした。

土器もこれまでに採集された土器と同様に弥生時代中期中葉に限られる。このうちの3片(図2-1・2・6)は，『弥生式土器集成』に拓本が掲載されている[4]。　　　　　　　　　　　(設楽)

(2) 弥生土器

群馬大学で所蔵している土器の一部(図2-1〜7)に解説を加えて，飯島らが報告した土器(図2-8〜17)と比較する。

1は壺の胴部上半から頸部で，櫛状工具(8本櫛歯)により斜方向・横方向に施文され，沈線と刺突による列点で区画される。多段化する装飾帯構成([2＋4・0][5])になると思われるが，破片上端にわずかに見える列点の上は櫛状工具の施文がなく，無文である。2〜4は壺の胴部上半で斜方向の懸垂舌状文が磨消縄文で描かれる。2の破片は破片下端に沈線が見られ，3装飾帯の下端である。5は壺の胴部上半で沈線区画をもち，条痕により横方向・斜方向に施文される。装飾帯構成は1と同様と考えられる。6は甕の胴部下半で，1と同様の櫛状工具(8本櫛歯)により横方向・斜方向に施文され，2段の列点をもつ。7は甕の胴部上半で器壁が比較的薄く，条痕により横方向に施文される。

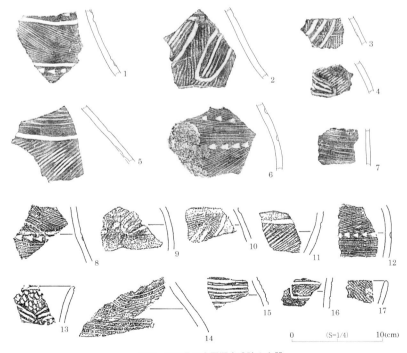

図2　群馬県八束脛洞窟遺跡の土器

　群馬大学所蔵土器には，掲載した土器以外に，器壁が厚い無文の壺，同様の特徴で付加条縄文の壺，鉢形の器形で撚糸文のもの，底部片(網代，木葉痕)がある。

　8〜17は既報告の土器[6]であるが，1〜7と共通する特徴のものがある。具体的には，1と8，2〜4と9・10，5と11，6と12である。このほか既報告資料には，平沢・出流原系の壺口縁部(13)，細い沈線の壺胴部(14)，沈線多条の壺胴部上半(15)，磨消縄文の壺の頸部または筒形土器の破片(16)，単節縄文(RL)の鉢または甕口縁部がある。

　既報告を含めた八束脛洞窟遺跡の土器は，栗林1式から栗林2式古段階までの特徴[7]とおおむね一致し，広くみればこの時間幅に収まる。ただし，2〜4・9・10の懸垂舌状文が垂直ではなく，斜方向に伸びて3装飾帯の幅が狭い点，5・7・11の条痕施文，15の沈線文多条という特徴は栗林1式の中でも古層のものであり，13の壺もこれらに伴うものと考えるべきである。

　群馬県内においては近年，安中市二軒在家原田頭(にけんざいけはらだがしら)遺跡や渋川市金井下新田(かないしもしんでん)遺跡などで栗林1式前後の資料が充実しつつあり，八束脛洞窟遺跡の資料とあわせて土器編年の再検討が待たれる。(関根)

3　年代測定

　八束脛洞窟遺跡の人骨の，炭素14年代法による年代測定を実施した。提供された側頭骨の一部を，国立科学博物館の瀧上舞がダイヤモンドカッターで切り取った試料(試料番号：GMMYH-1)を(株)加速器分析研究所(IAA)に送付し，分析を依頼した。IAAは資料から骨コラーゲンを抽出し，炭素・窒素分析と炭素14年代測定の試料に分割した。炭素・窒素分析用の試料は元素分析計‑安定同位体比質量分析計システム(EA‑IRMS：Thermo Fisher Scientific 社製 Flash EA1112‑DELTA V ADVANTAGE ConFlo IV System)で，処理と炭素・窒素濃度と安定同位体比を測定した。炭素14年代測定用の試料は，燃焼，精製で得られた二酸化炭素をグラファイトに転換し，加速器質量分析装置(NEC社製 Pelletron 1.5SDH‑2)で ^{14}C 濃度を測定した。

　炭素・窒素分析(表1)と炭素14年代測定の結果(表2)を示す。骨コラーゲンの回収率[8]は11％，炭素・窒素の濃度(物質量)比[9]は3.2で，保存状態は良好と判断した。炭素14年代は 2012 ± 23 ^{14}C BP であった。遺跡は内陸に

表1　炭素・窒素分析の結果

試料番号	$\delta^{13}C$ (‰, VPDB)	$\delta^{15}N$ (‰, Air)	C (%)	N (%)
GMMYH-1	-18.8	9.11	43.6	15.7

表2　炭素14年代測定の結果

試料番号	測定番号	炭素14年代 (^{14}C BP)
GMMYH-1	IAAA-222389	2012 ± 23

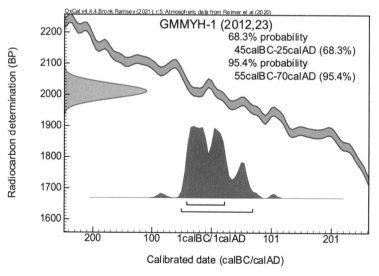

図3　較正年代の確率密度分布

位置し海産資源の利用は想定しづらいと判断し，炭素14年代は北半球陸産資源用の較正曲線IntCal20[10]に基づき，較正プログラムOxCal4.4.4[11]を用いて暦年代に修正した。較正年代は45 cal BC–25 cal AD（1σ）/55 cal BC–70 cal AD（2σ）と，ほぼ紀元前後の値を示した（図3）。
　　　　　　　　　　　　　　　　　　（坂本）

4　DNA分析

(1)　DNA分析について

　古代集団の成り立ちや周辺集団との近縁関係については，従来は人骨の形態学的な研究をもとに行われてきた。しかし，20世紀の終わりから始まる分子生物学の発展によって，古代試料に残されたわずかなDNAの分析ができるようになり，人類集団の起源と成立の研究は新たな段階に入ることになった。詳細については本誌の「DNA分析と二重構造モデル」（20頁）の項で説明したが，この技術革新によって，21世紀以降に出土した人骨については，骨の形態学的な研究とともにDNA分析をおこなうようになっている。とくに2010年以降には，次世代シークエンサが実用化したことで，それまでは母系に遺伝するミトコンドリアDNAの分析に留まっていたものが，膨大な情報量をもつ核ゲノムの解析に移行することで，人骨からより多くの情報を得ることが可能になっている。

　DNA分析は，破片化して形態学的な情報を得ることが難しい骨片からも遺伝情報を得ることが可能なので，これまで形態学的な研究ができなかった標本も対象とすることができる点で優れている。八束脛洞窟遺跡から出土した人骨についても，詳しい形態学的な情報を得ることができていないが，次世代シークエンサを用いたDNA解析で，その人骨のもつ遺伝的な特徴を明らかにすることができた。

(2)　分析したサンプルについて

　八束脛洞窟遺跡の人骨のうち1体の側頭骨からDNAを抽出した。これまで古人骨に残るDNA分析では，臼歯を材料として用いることが多かったが，近年，側頭骨の錐体部（内耳骨）にDNAが残存している可能性が高いことが明らかとなっている。そのため，今回も比較的保存状態の良い側頭骨を分析に用いることにした。解析の方法は篠田ら[12]にしたがっておこなった。

　抽出したDNAを用いて，最初にPCR法をベースとしたミトコンドリアDNAハプログループの簡易分析をおこなって，解析可能な量のDNAが残っているかをチェックした。その結果，充分な量のDNAが含まれていることがわかったので，次世代シークエンサを用いたミトコンドリアDNAの全塩基配列の決定，そして核ゲノム解析をおこなった。

(3)　ミトコンドリアDNA分析

　表3に次世代シークエンサを用いたミトコンドリアDNA分析の結果を示す。古代DNA分析では，経年的なDNAの変性によって，本来もっていたDNA配列とは異なる配列が得られる場合がある。そのため，ミトコンドリアDNAの同じ部分を何度も読んで，結果が一致するかを確認する必要がある。この重複する読み直しの数を「深度」と呼び，信頼性を担保するためには，概ね20～50回は読み直す必要があるとされている。

　今回の解析では，ミトコンドリアDNAの全体を平均深度が111.21，つまり同一箇所を100回以上読んでおり，結果は充分に信頼できる。全配列からミトコンドリアDNAのハプログループを推定したところ，N9b*（＊はN9bの系統で，まだ正式な名称の付いていないものを示す）に分類されることがわかった。

　これまでの研究で，ミトコンドリアDNAのハ

表3　ミトコンドリアDNA分析の結果

サンプル	ピークリード長 [bp]	平均深度 [x]	ミトコンドリアゲノムのカバレッジ	ハプログループ推定		ハプログループ
				簡易分析結果	Haplogrep2.0 [quality]	
八束脛洞窟遺跡 側頭骨	49	111.21	1.000	N9	N9b (0.7708)	N9b*

表4　核ゲノム分析の結果

遺物番号	ピークリード長 (n)	リード数 (X染色体)	リード数 (Y染色体)	YX比	性別	Y染色体ハプログループ	核ゲノムのカバレッジ
八束脛洞窟遺跡	45	744,481	75,580	0.102	男性	D1b1a3	20.38%

プログループの中で，N9bとM7aの系統は，縄文人に特有のものであることが分かっている[13]。また全国規模の研究で，M7aは主として本州西部から琉球列島で，N9bの系統は関東以北の地域に卓越することも判明している。したがって弥生時代の関東地方，群馬県域にこの系統をもつ人物がいることは不思議ではない。

ミトコンドリアDNAの解析からは，少なくともこの人物は母系で縄文系の系統を引き継いでいると判断できる。なお，N9b*系統は，福島県の三貫地貝塚，宮城県の青島貝塚，東京都の西ヶ原貝塚から出土した縄文人骨からも検出されている。広く関東から東北にかけての地域に分布していた系統であると考えられる。

(4) 核ゲノム解析

核ゲノム解析の結果を表4に示す。今回の分析では全ゲノムの20%程度を読むことができた。通常，全ゲノムのうち数パーセント以上の領域をカバーできれば，その個体の遺伝的な特徴を特定することが可能なので，このサンプルについても信頼できる遺伝情報を得ることが期待される。

X染色体断片とY染色体断片の比が10：1程度であることから，この人骨は男性であることが分かった。またY染色体断片にある一塩基多型（SNP：single nucleotide polymorphisms）から推定したハプログループはD1b1a3であった。このY染色体ハプログループD系統は，現代の日本人男性のおよそ3人に一人がもつものだが，ミトコンドリアDNAのM7aやN9bと同様に縄文人に由来する系統であることが分かっている。つまり，この人物の母系，父系とも縄文人に由来する系統をもっていたことになる。

次に全ゲノムデータからSNPデータを抽出し，主成分分析を用いて，現代の東アジア人と縄文人，弥生人データと比較した（図4）。この図から明らかなように，八束脛洞窟遺跡の弥生人骨は，縄文人の遺伝的な変異の範疇に収まっている。したがって弥生時代においても，大陸から渡来した集団とは混血せずに，在来の縄文人の遺伝子を残した人物であることは明らかである。

（篠田・神澤）

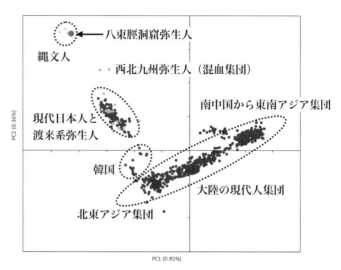

図4 東アジア集団の主成分分析

5 おわりに─研究の意義─

八束脛洞窟遺跡の土器は，関根によると大多数が栗林1式～2式古段階のまとまった資料とされる[14]。栗林式土器は1～3式に細別され，1式と2式古段階が弥生時代中期中葉である弥生III期の後半に位置づけられている[15]。

これまでに蓄積されてきた弥生時代中期の[14]C年代測定などによる実年代は，近畿地方の弥生III期が紀元前200年代から前100年代，IV期がおおむね前1世紀とされている[16]が，弥生時代中期後半，須玖II式の上限年代が紀元前200年ころという見解[17]を踏まえれば，III期の下限は前100年代とみなしてよい。各地の弥生時代中期中葉の[14]C年代測定値とその較正結果もそれを支持している[18]。

一方，分析した人骨の[14]C較正年代は2σで紀元前55年－紀元後70年と弥生IV期後半～V期初頭ころの実年代を示しており，土器の年代と齟齬がある。

群馬県神流町岩津保洞窟遺跡で出土した8体の人骨は，弥生III期初頭の神保富士塚式土器を伴う。このうち5～7号人骨は合葬され複数の貝輪を伴い，人骨の上部には神保富士塚式土器が置かれたような状態で出土した。あきらかに弥生時代中期中葉は下らないが，[14]C年代測定値の較正結果は4～6世紀，13世紀と新しく，汚染や変性の可能性が指摘されている[19]。八束脛洞窟遺跡の人骨の場合はそこまで新しい年代ではなく，群馬県域の

山間部では下仁田町只川橋下岩陰遺跡のように，弥生時代後期の土器を伴う再葬人骨もあるので，今回の分析結果は人骨が汚染されていたのではなく洞窟が墓地として継続して利用されていた可能性を考えた方がよいかもしれない。

八束脛洞窟遺跡は，この時期まで関東地方や南東北地方でさかんであった再葬墓の遺跡の一つである。再葬墓は縄文文化の伝統が色濃いので，山間部における被葬者の核ゲノムが縄文系であったことはうなずけるし，それが弥生Ⅳ期以降に継続しているのは興味深い。

弥生Ⅲ期は神奈川県小田原市中里遺跡や埼玉県熊谷市池上遺跡など，本格的な灌漑式の水田稲作が導入されて集落の規模が飛躍的に拡大する画期的な時期である。群馬県域でも，高崎競馬場遺跡で環濠集落が営まれはじめるのであるが，中里遺跡に大陸からの影響を強く受けた西日本の文化系統が認められることからすれば，北関東地方の平野部の灌漑農耕集落に渡来系弥生人が関与していた可能性をさぐるのが課題になる。この点を核ゲノムから追究するには人骨が手がかりになるのは言うまでもない。今回の調査で高崎市新保田中村前遺跡の人骨を分析したが，DNAの抽出に至らなかった。資料の充実が待たれる。

（設楽）

註

1) 藤尾慎一郎「水稲農耕開始期の地域性」『考古学研究』38-2，1991，pp.30-54.

2) 藤尾慎一郎「弥生稲作開始期の集団関係—古河内潟沿岸の場合—」『国立歴史民俗博物館研究報告』152，2009，pp.373-400.

3) 宮崎重雄・外山和夫・飯島義雄「日本先史時代におけるヒトの骨及び歯の穿孔について—八束脛洞窟遺跡資料を中心に—」『群馬県立歴史博物館紀要』6，1985，pp.107-140

4) 工楽善通「北関東地方Ⅰ」『弥生式土器集成本編2』東京堂出版，1968，pp.117-121

5) 石川日出志「栗林式土器の形成過程」『長野県考古学会誌』99・100，2002，pp.54-80

6) 外山和夫・宮崎重雄・飯島義雄「八束脛洞窟遺跡」『群馬県史』資料編2原始古代2，1986，pp.379-384。みなかみ町教育委員会『八束脛洞窟遺跡』2008

7) 前掲註5に同じ。馬場伸一郎「弥生中期・栗林式土器編年の再構築と分布論的研究」『国立歴史民俗博物館研究報告』145，2008，pp.101-174

8) 前掲註7に同じ

9) van Klinken, G. L. Bone collagen Quality Indicators for paleodietary and radiocarbon measurements. *Journal of Archaeological Science*, 26, 1999, pp.687-695

10) DeNiro, M. J. Postmortem preservation and alteration of in vivo bone collagen isotope ratios in relation to paleodietary reconstruction. *Nature*, 317, 1985, pp.806-809

11) Reimer P.J., *et al.* The IntCal20 Northern Hemisphere radiocarbon age calibration curve-0-55 cal kBP. *Radiocarbon*, 62（4），2020, pp.725-757

12) Bronk Ramsey, C. Bayesian analysis of radiocarbon dates. *Radiocarbon*, 51（1），2009, pp.337-360

13) 篠田謙一・神澤秀明・角田恒雄・安達 登「西北九州弥生人の遺伝的な特徴」『Anthropological Science（Japanese Series）』127，2019，https://doi.org/10.1537/asj.1904231

14) 設楽は別の年代観をもっているが，本稿の主旨には反しないので別稿に譲る

15) 前掲註7馬場2008に同じ

16) 坂本　稔・春成秀爾・小林謙一「大阪府瓜生堂遺跡出土弥生中期木棺の年代」『国立歴史民俗博物館研究報告』133，2006，pp.71-83

17) 藤尾慎一郎・今村峯雄「弥生時代中期の実年代」『国立歴史民俗博物館研究報告』133，2006，pp.199-229

18) 設楽博己・今村峯雄「炭素14年の記録からみた自然環境—弥生中期—」『多様化する弥生文化』弥生時代の考古学3，同成社，2011，pp.48-69

19) 今村啓爾 編『群馬県多野郡神流町岩津保洞窟遺跡の弥生時代埋葬』帝京大学文学部史学科，2015

鳥取県青谷上寺地遺跡にみる弥生後期の集団像と社会的環境
DNA分析・年代学的調査にもとづく考古学的検討

濱田竜彦　HAMADA Tatsuhiko

鳥取県地域社会振興部文化財局

DNA分析，年代学的調査の成果に考古学的な検討を
加え，弥生後期の青谷上寺地の人びとの実像にせまる

　鳥取市青谷町に所在する青谷上寺地遺跡
は，中国地方の山陰東部を代表する弥生時代
の交易の拠点である。周囲を山に囲まれた平
野にあり，現在は海岸線から1kmほど離れて
いるが(図1)，弥生時代には遺跡の近くまで
内海が広がり，その汀線近くの微高地が人び
との活動の場となっていた。土地利用は弥生
前期後葉(紀元前5世紀代)に始まり，古墳前
期(紀元4世紀代)に至る。複数の丸木船，準
構造船の破片が出土しており，内海を港湾と
する集落だったと推測される。遺物の出土量
の多さから見て，後期(紀元1〜2世紀)に最盛
期をむかえている。また，その頃埋った溝跡
「SD38-2」から大量の人骨が出土している[1]。
そのDNA分析や年代学的調査の成果を交え
ながら，人骨群の考古学的な検討を試み，弥
生後期の青谷上寺地遺跡に形成された集団像，
社会的環境を考えてみたい。

1　青谷上寺地遺跡にみる遠隔地との交易

　青谷上寺地遺跡では，弥生中期以降，鉄器
の使用が始まり，管玉などの玉類，多様な精
製木製容器類が生産されていた。
　管玉の素材となったのは，北陸産の碧玉である。
同素材の管玉が九州北部の佐賀県中原遺跡などの
甕棺墓から出土しており，北陸と九州の中間にあ
る青谷上寺地遺跡のような港湾集落が，北陸産の
碧玉製管玉を九州方面に供給する役割を担ってい
た可能性がある[2]。
　精製木製容器類も交易資源だったと考えられる。
その代表が，杯部外面に花弁文様を陽刻した高杯
(花弁高杯)である。弥生後期を中心に製作された
もので，島根県から福岡県に至る日本海沿岸部に
は少量の花弁高杯を出土する遺跡が点在しており，
多様性のある花弁高杯が多数出土している青谷上
寺地遺跡はその供給元の1つと推測される[3]。
　一方，こうした交易資源を元手に獲得されたと
考えられるのが，韓半島，中国製の鋳造鉄斧や板

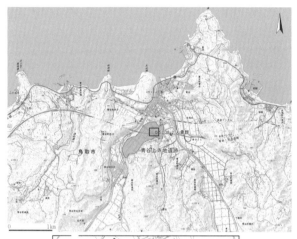

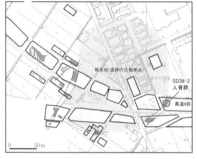

図1　青谷上寺地遺跡の位置と人骨出土地点

状鉄斧，九州北部製の袋状鉄斧などである。青谷
上寺地遺跡では弥生終末期にはガラス製玉類の生
産もおこなっていたとみられるが[4]，その素材も
交易によって入手されたものだろう。
　また，青谷上寺地遺跡には山陽側から打製石器
の素材となる香川県金山産サヌカイト，管玉製作
に石鋸として用いられた徳島県吉野川流域産とみ
られる紅簾片岩などが持ち込まれている。中国山
地を南北に移動する交易ルートもあったようだ。
　こうした考古資料のあり方に，青谷上寺地遺跡
が広域交流の拠点だったことがうかがわれる。

2　SD38-2出土人骨群のDNA分析

　SD38-2は微高地の東側縁辺部に設けられた弥
生後期の溝跡である(図1)。ここから約5,300点
(SD38-2の東側に散布していたものを含む)の人骨

が出土している。人骨は交連状態を失っており，大腿骨などの検討を通じて試算された最小個体数は109体である[5]。では，この人骨群には血縁関係にある個体がどのくらいあるのか。古墳などに埋葬された人骨の研究では，頭蓋形態小変異や歯冠計測値をもとに被葬者の血縁関係を考察する試みがある。しかし，前者は変異が確認できる個体でしか血縁関係を推定できない。後者は他人のそら似を区別できない場合がある。こうした課題を解決する方法の1つがDNAの分析である[6]。

SD38-2出土人骨群では側頭骨または大臼歯が採取できた個体のDNA分析をおこない，31個体のミトコンドリアDNA（mt-DNA）に28系統の母系が確認された。母と子，同母の兄弟姉妹はmt-DNAの塩基配列が一致するが，31個体中に該当する個体は3組しかない。mt-DNAの母系のあり方は，外部と人的交流が少ない集団では単純になり，広範囲から人が集まる都市部の集団では複雑になる。SD38-2出土人骨群における母系のあり方は婚姻の範囲，対象が限定された集団ではなく，都市部の集団に近似している[7]。また核ゲノムが解析された個体は，SNPデータ(ヒトゲノム中に存在する1塩基の違い)を主成分分析によって可視化した図上で，現代日本人の範疇に広く分散している(本誌篠田口絵参照)。このことは各個体の遺伝的な構成がばらついている(多様である)ことを意味しており，mt-DNAの分析結果とも整合的である[8]。

3　散乱する人骨

人骨群のDNA分析から，交易の拠点だった弥生後期の港湾集落に都市的な人のあり方が見えてきた。しかし，SD38-2に散乱していた人骨群が長い期間をかけて形成されたものならば，遺伝的多様性は緩やかな人的交流の結果であり，短期間に形成されたものならば，外部からの人の流入が頻繁にあったことになる。そこで，人骨群の成り立ちを検討する必要がある。とくに，人骨が交連状態を失った原因は，この人骨群を理解する上で重要な問題である。4つの仮説を検討してみたい。

2次堆積　周辺の河川氾濫により他所に埋まっていた人骨が流出し，再堆積したものならば，人骨が散乱する状況を理解しやすい。ところが，人

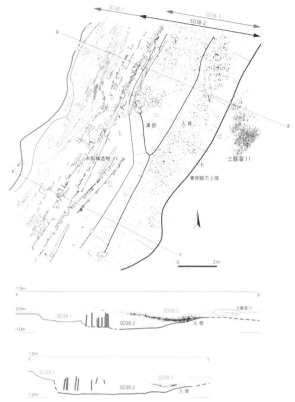

図2　SD38-2における人骨の出土状況

骨を埋める土には水の影響が観察されていないので[5]，他所から移動してきたものとは考えにくい。

遺体の放置　SD38-2に放置された遺体が白骨化して関節がはずれ，散乱した可能性がある。その要因の1つが動物によるかく乱である。軟組織が残る遺体は哺乳類などに喰い荒らされ，骨は交連状態を失っていく。その際，噛まれた骨には噛み痕が残ることがある。しかし，SD38-2から出土した骨にはその痕跡が明らかなものは報告されていない[5]。頭蓋骨に脳が残存する個体もあり，遺体は地表に長く露出していなかったとみられる。

埋葬後のかく乱　同一個体のものとみられる左右の上腕骨や大腿骨が，近い位置から出土しているという重要な所見がある。また5m四方に10〜15人相当のセットが確認できる場所もあることから，積み重ねられるように埋められた遺体が，その後に掘り返されて，散乱した可能性が指摘されている。白骨化後についた傷が観察されている骨もあり，有力な仮説である[5]。しかし，改めて発掘調査時の記録を検証したところ，大規模なかく乱はなかったと考えるに至った。

2次的な埋葬　人骨を包含する地層はSD38-2

の溝部が2/3程度埋まった後に形成されている（図2）。骨の垂直分布をみると、上部には散漫に分布する骨がある。これは、上方からのかく乱によって原位置を失ったものだろう。しかし、骨の分布が密な部分は断面形がレンズ状の地層を形成している。上方からのかく乱は、ここまで及んでいないようにみえる。人骨を包含する地層が著しいかく乱を受けていないとすれば、他所で交連状態を失った骨がSD38-2に集積されたとみた方がよい[9]。つまり2次的な集団埋葬である。5m四方に複数人の四肢骨のセットがあるという指摘は、2次的な埋葬における集積の単位を表すものと考える。

また、SD38-2出土人骨群が2次的な埋葬だとすれば、人骨を包含する地層から出土した考古資料の多くは、人骨群形成期間中に製作、使用されていたものとみてよい。その土器様式を把握することで、人骨群の形成時期と期間を検討できる。

4 人骨群の形成時期・期間

DNA分析をおこなった3個体の炭素14年代を測定した。その暦年代は、いずれも弥生後期後半の年代となる紀元2世紀代に集中した[10]。

弥生後期の鳥取地域では、複合口縁と口縁帯に施される平行沈線文の成立によって、中期後葉の第IV様式土器と区別される第V様式土器が製作されていた。第V様式土器は、口縁帯の拡張や平行沈線文の多条化により第V-1様式古相、同新相、第V-2様式古相、同新相、第V-3様式古相、同新相と都合6小様式に細分され、口縁帯が無文化する第VI様式土器へと移行する[9]。

各小様式の存続期間に大差がないとみなし、弥生後期の始まりを紀元1世紀第2四半期、終わりを紀元2世紀第3四半期頃とする暦年代観[11]に小様式を割り当てると、第V-1様式古相≒紀元1世紀第2四半期、同新相≒同1世紀第3四半期、第V-2様式古相≒同1世紀第4四半期、同新相≒同2世紀第1四半期、第V-3様式古相≒同2世紀第2四半期、同新相≒同2世紀第3四半期となる。

では、SD38-2の人骨包含層にはどの様式の土器が伴っているのか。SD38-2の下部にはSD38-1、上部にはSD38-3という溝が重複している。発掘調査報告書に掲載された土器の出土地点を確認したところ、SD38-1からは第V-2様式古相、SD38-2を埋める堆積と人骨包含層からは第V-3様式新相、SD38-3からは第VI-1様式

以降の土器が出土していることが明らかになった。

したがって、人骨の真の年代、そして、人骨群が形成された時期は、第V-3様式新相、紀元2世紀第3四半期の間に絞り込める。人骨群の形成期間も土器1小様式（約25年）の存続期間におさまるものと考える。考古学的な手法ではこれ以上は絞り込めないので、さらに短期間に形成された可能性もある。ここには生存期間が重なる人びとの骨が集積されている蓋然性が高い。SD38-2出土人骨群の遺伝的多様性は外部からの頻繁な人の流入によって形成されたものである[9]。

5 集団像と社会的環境

交易の拠点として発展を遂げた弥生後期の青谷上寺地遺跡には、血縁関係を紐帯とした親族の集合体ではなく、さまざまな出自の人が混交し、遺伝的なまとまりをもたない雑多な集団が形成されていた。では、どのような人びとが外部から流入していたのか。その手がかりの1つが、SD38-2から出土している日本国内最古の結核症例人骨（カリエスが進行した脊椎など）である[5]。

青谷上寺地遺跡例よりも古い結核症例が、韓半島南端に所在する慶尚南道の勒島（スクト）遺跡出土人骨に確認されている。勒島遺跡からは弥生中期の須玖式土器や凹線文土器が出土しており、結核は当時の人的交流を介して日本列島に伝わったものと推測される[12]。青谷上寺地遺跡にも交易活動を通じて結核が持ち込まれたものと考えられる。

結核は、肺結核患者の飛沫により感染が拡大する。近現代の事例では、人口が集中する都市部において結核の発生率が高い。また、感染源との接触率、経済的事情による低栄養状態など、社会的環境が結核の感染と致死に影響しており、スラム街の貧困層に罹患、死亡率が高い[12]。都市部に類する集団が形成されていた青谷上寺地遺跡にも、こうした社会的環境があったかもしれない。

『三国志』魏志倭人伝によれば、弥生後期の社会には大人（支配層）、下戸（一般層）、生口（セイコウ）、奴稗（奴隷層）という身分があった。このなかでもっとも結核感染リスクが高いと考えられるのは、生活や労働に強制を受ける奴隷層である。弥生後期の青谷上寺地遺跡に外部から流入した人のなかには、交易において贈与や交換の対象となった奴隷層が含まれており、人口密度の高い環境での集住や労働を強いられていた可能性も考えておきたい。

出生地の異なる奴隷層が定期的に供給されていたと考えると，遺伝的に多様で，血縁関係が希薄な集団の成り立ちを理解しやすい。

6　SD38-2出土人骨群の被葬者

弥生後期になると，山陰東部では丘陵部に支配者層を埋葬する墳丘墓が築かれる。一方，弥生中期に比べて，木棺墓，土壙墓群のような埋葬遺構の検出例は少なく，非支配者層の墓制は判然としない。これはいまだ確認されていないだけなのか。見方を変えると，墓壙への単体埋葬が減少し，SD38-2のような集団埋葬が一般化していたと考えることもできよう。青谷上寺地遺跡では，弥生後期の遺構面で人骨を伴う2基の土壙墓が検出されている。SD38-2出土人骨は最小109個体と試算されているので，単体埋葬された人は2％に満たない。青谷上寺地遺跡では一般層をも含む非支配者層の多くが，集団埋葬の対象だった可能性がある。

なお，SD38-2の人骨群にはガラス製玉類がまとまって出土している地点がある[1]。ガラス製玉類は墳丘墓においても出土する埋葬施設が限られている。本来は単体埋葬される身分にあった人の骨も，SD38-2に葬られていることになるだろう。このことは，生前の身分が必ずしも単体埋葬を担保していないことを示唆している。SD38-2には受傷が死因となった人骨もある。しかし，受傷の要因は戦闘行為に限定はできず，刑罰や儀礼によるものもあると推測する[13]。身分に加え，死因も集団埋葬の基準になっているように思われる。

7　おわりに

SD38-2から出土した弥生後期の人骨群は，特異な出土状況や受傷人骨に注目が集まり，「倭国大乱」の時代に生じた争い，暴力に関連づけた評価を受けがちである。しかし，SD38-2に人骨が集積された2世紀第3四半期以降も遺跡での人間活動は停滞していない。この人骨群の形成は一時的なイベントによるものではなく，継続する営みの中に生じた行為である。こうした視点から，DNA分析，年代学的調査の成果に考古学的な検討を加え，弥生後期の集団像，社会的環境について私見を述べた。弥生時代の交易拠点，青谷上寺地遺跡を理解する一助となれば幸いである。

註
1)　鳥取県教育文化財団 編『青谷上寺地遺跡4』鳥

取県教育文化財団調査報告書74，2002
2)　木下尚子「弥生時代の管玉と勾玉―消費地からみた生産と流通―」『日本海を行き交う弥生の宝石～青谷上寺地遺跡の交流をさぐる～』鳥取県埋蔵文化財センター，2013，pp.26-35
3)　鳥取県埋蔵文化財センター 編『弥生時代の港湾集落 青谷上寺地遺跡』2017
4)　鳥取県埋蔵文化財センター 編『青谷上寺地遺跡15』2020
5)　井上貴央・松本充香「青谷上寺地遺跡から検出された人骨」『青谷上寺地遺跡4』第2分冊，鳥取県教育文化財団，2002，pp.436-469。
6)　清家　章・濵田竜彦・篠田謙一・神澤秀明・安達　登・角田恒雄「ミトコンドリアDNA分析からみた古墳時代の埋葬原理（予察）」『国立歴史民俗博物館研究報告』投稿中
7)　篠田謙一・神澤秀明・角田恒雄・安達　登「鳥取県鳥取市青谷上寺地遺出土弥生時代後期人骨のDNA分析」『国立歴史民俗博物館研究報告』219，2020，pp.163-177
8)　神澤秀明・角田恒雄・安達　登・篠田謙一「鳥取県青谷上寺地遺跡出土弥生後期人骨の核DNA分析」『国立歴史民俗博物館研究報告』228，2021，pp.295-308
9)　濵田竜彦「青谷上寺地遺跡SD38出土弥生時代後期人骨群の年代に関する検討―人骨群の形成時期と期間について―」『国立歴史民俗博物館研究報告』229，2021，pp.87-111。また，人骨に伴う考古資料などに海辺の埋葬遺跡との共通点が見出せる。清家章・濵田竜彦「海辺の埋葬遺跡における特異な埋葬属性と交流 和歌山県磯間岩陰遺跡と鳥取県青谷上寺地遺跡」『国立歴史民俗博物館研究報告』242，pp61-81
10)　濵田竜彦・坂本　稔・瀧上　舞「鳥取県鳥取市青谷上寺地遺跡出土弥生中・後期人骨の年代学的調査」『国立歴史民俗博物館研究報告』219，2020，pp.147-162
11)　森岡秀人・西村　歩「古式土師器と古墳の出現をめぐる諸問題―最新年代学を基礎として―」『古式土師器の年代学』財団法人大阪府文化財センター，2006，pp.507-590
12)　鈴木孝雄『骨から見た日本人―古病理学が語る歴史―』講談社学術文庫，2010
13)　離断されたとみられる頭部に，部分的な焼成を受けているものなどがある。篠田謙一・神澤秀明・坂上和弘「青谷上寺地遺跡出土人骨から何が見えてきたのか」『とっとり弥生の王国2021Autumn 特集 続・倭人の真実』鳥取県，2021，pp.16-19

古墳時代の親族構造論と DNA 分析

清家　章　SEIKE Akira
岡山大学教授

DNA 分析による親族関係復元について，その有効性と課題について述べる

1　親族構造論と埋葬原理

　古墳時代親族構造論が注目されて久しい。古くは小林行雄が「古墳の発生の歴史的意義」において，古墳の出現は「首長権の(男系)世襲制の発生」(括弧内は筆者補足)であるとの理解を示したことが知られる[1]。この言説は，後に多くの研究者によって繰り返し踏襲されていく。その実態については，さまざま研究者がさまざまなアプローチから迫っていくことになるが，詳しくは別稿にて述べているのでそれに譲る[2]。親族構造論を議論する資料としては，土器の地域性や青銅器の保有形態などの視点もあったが，基本的には墳墓資料に基づく議論が多かった。すなわち被葬者の埋葬順位や親族関係のルールという埋葬原理を明らかにして，そこから親族構造論を語ることが多かったのである。ただ，1980 年以前に行われた被葬者の親族関係の復元は，その多くは被葬者の年齢・性別から考察するもので，推測の域を出ることがなかったのであった。

2　歯冠計測値法と頭蓋の形態小変異

　DNA 分析が普及する以前，被葬者間の親族関係を明らかにするための主だった手法には，頭蓋形態小変異の共有[3]や，歯冠計測値による被葬者の血縁者判定法[4,5]があった。

　ただ，頭蓋形態小変異はその出現率の低さから，少数の事例で適用されたに過ぎなかった。その点，歯冠計測値による被葬者の血縁者判定法(以下，歯冠計測値法と呼ぶ)は，歯が他の部位より遺存しやすいこともあって，多くの事例に用いられたのであった。

　とくに田中良之は古墳被葬者の親族関係について３つのモデルを提示し，体系的な親族構造の変化まで言及したことはよく知られている[6]。

　田中の言う３つのモデルとは，「キョウダイ」[7]を中心とした血縁者を埋葬する基本モデルⅠ，成人男性とその子供の世代が葬られる基本モデルⅡ，

モデルⅡに家長の妻と考えられる人物が埋葬されるようになった基本モデルⅢである。基本モデルⅠでは被葬者の選択に男女の違いがなく双系的であるが，初葬者が男性に限定される基本モデルⅡとⅢは父系的であり，双系的な基本モデルⅠから父系的な基本モデルⅡへ変化する５世紀後半が大きな画期として理解されている。

　歯冠計測値法による田中の分析は，一定の科学的基準をもって被葬者間の親族関係を示した点で画期的であったし，それまでにも疑問は呈されていたものの根強く支持されていた小林行雄の男系世襲説を否み，想定されていた古墳時代社会像を大きく変えた点でも画期的であった。

　筆者も，田中がほとんど使用しなかった畿内とその周辺の人骨資料を用いて分析を行い，基本モデルⅠ，すなわちキョウダイ原理の埋葬は前期から後期まで継続することと，女性初葬者が後期には減少しつつも一定程度存在するので，後期において父系化は進行するもののいまだ双系的であると説いたのであった[2]。

　しかし，田中や清家の研究に対して，歯冠計測値法はその信頼性に強い疑念が呈され，土肥や田中らも，血縁者と考えられるペアの中には「他人のそら似」が含まれうることを当初から指摘していた[5]。

　また，頭蓋形態小変異法や歯冠計測値法を代表とする従来の手法は，血縁関係の有無が推定されるとしても，親等数などは理解することができず，結局は推測に頼るところが多かったのである。

3　DNA 分析と親族関係の研究

　2010 年以降，次世代シークエンサ (NGS: Next Generation Sequencer) が実用化し，DNA 分析の手法が急速に発達した。ついに，古墳被葬者の親族関係を DNA で分析できる時代が到来し，研究は新たな段階に入ったのである。

　DNA には，核 DNA とミトコンドリア DNA が存在する。ミトコンドリアはエネルギー・代謝

機能をつかさどり，独立した遺伝情報をもつ。ミトコンドリア DNA は 16,500 塩基で構成され，基本的に母系遺伝である。いっぽう，核には 23 対の染色体があり，その中に約 30 億塩基からなる核 DNA が納められている。核 DNA は両親から受け継がれ，一塩基多型（SNP）は 400 万箇所にのぼる[8]。DNA に基づく親族関係の復元の精度は，旧来の手法と比べるべくもないほど高い[9]。

ミトコンドリア DNA 分析　　具体的な事例をみて，成果の実際と DNA 分析を見ていこう。DNA 分析ではまずミトコンドリア DNA から実施され，そこで成果が出た場合に核 DNA 分析に移行する。ミトコンドリア DNA の遺存が悪いときは，核 DNA 分析の成果も望めないことが多いからである。そのためヤポネシアゲノムプロジェクトにおいて，ミトコンドリア DNA 分析の成果が数多く出されている。後述するようにミトコンドリア DNA 分析だけでは限界も多いのであるが，分析を積み重ねることで判明する事実は多い。

古墳人骨におけるミトコンドリア DNA 分析の特筆すべき成果の一つは，同じ古墳から出土した古人骨どうし，あるいは同棺複数埋葬の古人骨間において，ミトコンドリア DNA の配列が一致しないペアが多かったことである。もちろん一致するペアやトリオもいるが，それは 1 割程度に過ぎなかった。このことはすでに，同母キョ

ウダイの埋葬は多くはないということを少なくとも示し，田中[6]の基本モデル I や清家[2]で想定されてきたキョウダイ原理について，より詳しい分析あるいは修正を迫っている。ミトコンドリア DNA 分析から想定される埋葬原理については別稿を投稿中のため詳しくはここで述べないが，これまでにも示唆したとおり異母キョウダイや幅広い親族の中から被葬者が選択されている可能性があろう[10]。

ミトコンドリア DNA 分析だけでは限界も多い。ミトコンドリア DNA は母系遺伝のため，親族関係は母系でしかたどることができない。父系的関係を問うことはできず，親等数も明らかにすることはできない。父子，異母キョウダイや，オジ―オイなどの具体的な関係を析出することは難しいのである。

核 DNA 分析　　したがって，核 DNA とミトコンドリア DNA の両方の分析が行われることが望ましい。遺存の程度によるが，核 DNA が分析できれば親族関係分析において寄与するところが多い。まず未成年を含めて性別を確定することができる。未成年人骨は形態から性別を判別することが難しく，親族関係を語る上でも大きな課題となっていた。それが，判別できることになったことは親族構造論にとってもジェンダーを語る上でも意味が大きい。また，ミトコンドリア DNA では追うことができない父系的関係や親等数も明ら

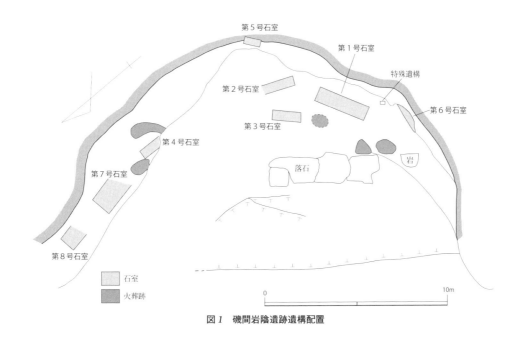

図1　磯間岩陰遺跡遺構配置

かにできるのであり，被葬者群の親族
関係をかなり詳しく復元ができる。一
例として，和歌山県磯間岩陰遺跡第1
号石室の事例を示す(図1・2)[11]。

　和歌山県磯間岩陰遺跡第1号石室は，
5世紀後半の小竪穴式石室であり，石
室内に中年の男性(1号人骨)と3歳前後
の未成年(2号人骨)が埋葬されていた。
同時の埋葬と考えられた。両人骨とも
DNAの遺存がきわめてよく，両人骨の
ミトコンドリアDNAと核DNAを分析
することができたのである。両人骨には，
渡来人との混血がすでに認められるが，
縄文系の要素が強く認められた。

　ミトコンドリアDNAハプログルー
プは両者ともN9b1であったが，NGS
を用いて，各個体の全配列を決定した
ところ1塩基の違いが認められた。1
塩基であれば突然変異で変化すること
もあり，母系的血縁者である可能性も
ある。

　核DNAの分析では，まず未成年者
が男性であることが判明している。形
態から特定できなかった性別が，Y染
色体の存在から特定されたのである。
1号人骨と2号人骨のY染色体のハプ
ログループは，それぞれO1b2a1a1と
D1bで一致しなかった。つまりY染色
体が異なり，ミトコンドリアDNAも
一致しない可能性のあるペアだったのだ。

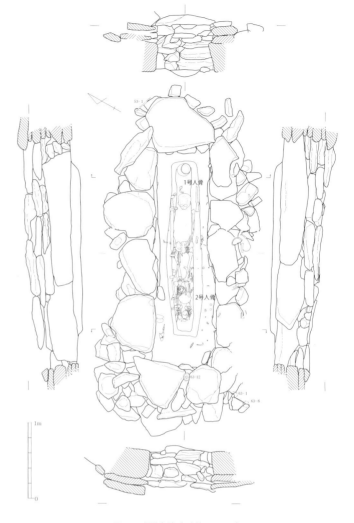

図2　磯間岩陰遺跡第1号石室

　しかしながら，READというソフトウエアに
より血縁関係を分析したところ驚くべき結果が判
明した。この方法は，取得データが限られる古代
人においても血縁推定が可能となるように開発さ
れた手法で，共有アリルの程度から2親等まで推
定が可能であるという[12]。その結果，1号人骨と
2号人骨は，2親等程度の血縁者であることが示
されたのである。未成人の性別を判定し，親等数
まで解明する核DNA分析ならではの分析結果で
あった。

　1号人骨と2号人骨の親族関係を知るために，
ミトコンドリアDNA分析が寄与した部分ももち
ろん多かった。詳しいことはオリジナル論考[11]に
譲るが，その結果を概略すると以下のようになる。

　ミトコンドリアDNAは1塩基のみ異なるので，

ミトコンドリアDNAを共有しないとした場合，
祖父−孫(娘の子)か，オジ−オイ(異父兄弟・異母
姉妹の子)と考えられた。また，1塩基の違いを突
然変異として理解して，ミトコンドリアDNAを
共有するとした場合，オジ−オイ(同母姉妹の子)
の可能性が高いと考えられたのである。

　ミトコンドリアDNAがわずかに1塩基異な
るので，いくつかのパターンが考えられたの
であるが，逆に言うとそこまで詳細な復元を
DNA分析が可能にしたということである。また，
別の古墳では異母キョウダイの存在も明らかに
しつつあり[13]，多様で複雑な親族関係をDNA
分析は，明らかにする。ここまで詳細な親族関
係の復元は，旧来の手法ではまったくできてい
なかった。

68

DNA 分析の注意点　しかし，DNA 分析は万能ではない。まず，古人骨の DNA 分析は破壊分析であるということは頭に入れておかねばならない。さらに，DNA の遺存度によっては空振りに終わることもままある。ミトコンドリア DNA 分析ができても核 DNA 分析まで進まないことも数多くある。そうしたリスクがあることを理解した上で，破壊分析を行うことを承知しておく必要がある。

　また，今津勝紀[14]による奈良時代戸籍の研究を参考にすれば，奈良時代は多産多死の不安定な社会であったという。そこでは，再婚がかなりの頻度で行われ，また一夫多妻も存在したという。そうした社会では，異母キョウダイは数多く存在し，さらには血縁関係のない義理の親子，義理のキョウダイが数多く存在することになる。血縁関係は親族関係に直結しないことも理解しておくべきことであり，そうした場合は DNA 分析による血縁関係とは別の考察が必要となる。

4　おわりに

　DNA 分析による親族関係復元について，その有効性と課題について述べた。その精度はこれまでの手法に比べるべくもなく高い。また，その分析が明らかにするところは，詳細である。DNA 分析から考えられる古墳時代の親族構造は，頭蓋形態小変異と歯冠計測値法から考えられた想定より遙かに複雑である。頭蓋形態小変異と歯冠計測値法による親族関係の復元は，DNA 分析が実施できない場合には行う価値はあると思うが，その役割は DNA 分析に譲りつつある。少なくとも私が歯冠計測値法を用いることはもうない。次の課題は DNA 分析から示されつつある複雑な親族関係から，埋葬原理と親族構造をどのように展開していくかである。それには DNA 分析の数がまだ不十分である。古人骨の DNA 分析が進むことを願ってやまない。

註

1)　小林行雄「古墳の発生の歴史的意義」『史林』38―1，1955（『古墳時代の研究』青木書店，1961に所収：pp.137-159）
2)　清家　章『古墳時代の埋葬原理と親族構造』大阪大学出版会，2010
3)　池田次郎「島根県能義郡広瀬町本郷上口遺跡」『季刊人類学』16―3，講談社，1985，pp.103-104　など
4)　埴原和郎・山内昭雄・溝口優司「岩手県二戸市上里遺跡出土人骨の血縁性に関する統計学的推定」『人類学雑誌』91―1，1983，pp.49-68
5)　土肥直美・田中良之・船越公威「歯冠計測値による血縁者推定法と古人骨への応用」『人類学雑誌』94―2，1986，pp.147-161
6)　田中良之『古墳時代親族構造の研究』柏書房，1995
7)　キョウダイやオジ，イトコをカタカナ表記した理由は以下の通りである。キョウダイは，兄弟・姉妹・姉弟・兄妹などの複数の意味をもつからである。オジも伯父・叔父の意を含むが，DNA 分析はその違いを解明できない。オバも同様である。イトコも「従兄」「従弟」「従姉」「従妹」があり，これらを判別できない限りはカタカナ表記が望ましいと考える。
8)　梅津和夫『DNA 鑑定』講談社，2019
　　斎藤成也『核 DNA 解析でたどる日本人の源流』河出書房新社，2023
9)　頭蓋形態小変異は十数箇所で，変異率が低いだけに比較できる固体・部位が限られる。歯冠計測値法は切歯・犬歯の近遠心径，小臼歯・大臼歯（第三大臼歯を除く）の頬舌径・近遠心径を計測するもので，全項目がそろったところでわずか22項目で比較する。比較項目数だけで精度の良し悪しが決まるわけではないが，項目数をみただけでもその精度の違いは歴然だろう。
10)　清家　章・篠田謙一・神澤秀明・角田恒雄・安達　登「古墳時代前期首長墳被葬者の親族関係」『国立歴史民俗博物館研究報告』229，2021，pp.113-126
11)　安達　登・神澤秀明・藤井元人・清家　章「磯間岩陰遺跡出土人骨の DNA 分析」清家　章編『磯間岩陰遺跡の研究』田辺市教育委員会・科学研究費磯間岩陰遺跡研究班，2021，pp.105-118
12)　神澤秀明氏のご教示による。
13)　清家　章・神澤秀明・篠田謙一・安達　登・角田恒雄「ゲノム解析による岡山県久米三成4号墳被葬者の親族関係」『日本考古学協会第89回総会研究発表要旨』日本考古学協会，2023，p.27
14)　今津勝紀『日本古代の税制と社会』塙書房，2012
　　今津勝紀『戸籍が語る古代の家族』吉川弘文館，2019

DNAから探る古墳社会親族関係の一様相
木更津市諏訪谷横穴墓群出土例を中心に

谷畑美帆　TANIHATA Miho
明治大学・木更津市郷土博物館金のすず

神澤秀明　KANZAWA Hideaki
国立科学博物館

古墳社会の血縁関係について の研究は，DNA分析に よりさらに進展しつつある

　墓から人間の社会様相を考察するに際し，埋葬形態や副葬品のバリエーションからアプローチするなど様々な研究が主流である。こうした場合，埋葬行為の解釈などとあわせて，墓に反映された概念を見て取ることも可能であり，この中でも被葬者である人骨から得られる所見は重要である。

　生物学の知識を駆使し，ヒトをミクロの視点から観察すると，様々な情報を得ることができる。約60兆個の細胞からできている私たちの体の細胞の多くには，遺伝に関するすべての情報を含んだゲノムセットが格納されている。しかし，こうした遺伝情報は一子相伝ではなく，遺伝子の複雑な作用によるものであり，そのため現段階において，ヒトの様々な形態的特徴がどの遺伝情報に関与しているのかを厳密に解明できているわけではない（シャベル型切歯の場合は例外的に，遺伝的決定因子を特定（EDAR の多型が関与）することができている）[1]。さらにはDNA分析によって得られた所見を基に血縁関係についての考察を実施することが可能となりつつある。

　本稿では，古人骨から得られたDNAの分析から明らかになった被葬者の親族関係に関する直近の所見を提示しつつ，古墳社会の親族関係の一様相について言及することとしたい。

1　古代DNAの研究

　古人骨の場合は，DNAの塩基に脱アミル化が生じていたり，生前時は長く連結しているDNA鎖が断片化（100bp以下）している。そのため，DNA分析の際にはこのような古代DNAの特徴を保持しているかをまず確認する必要がある。保持していれば，古人骨に由来するDNAを含んでいることになるが，そうでなければ現代人DNAによる汚染ということになる。また，現代人DNAによる汚染がどの程度か，ヒトDNAの含有量も調べることで，解析に必要な量が遺存しているかどうかを確認する。前に述べたように，私たちの体には約60兆個の細胞があり，こ

の一つ一つの中には遺伝情報が含まれている。細胞中に遺伝情報が含まれる箇所は，細胞小器官のミトコンドリアと核である。前者にはミトコンドリア DNA（一つの細胞に数百から数千コピー）で，後者には核DNA（一つの細胞に2コピー（両親から一つずつ）が含まれる。しかし，土の中に長く埋まっていた古人骨の場合，核DNAが分析できるチャンスは今のところそれほど多くない。そのため，これまでは多くの場合，ミトコンドリアDNAの分析（APLP 法＝〈Amplified Product-Length Polymorphism method[2]〉など）を実施し，ミトコンドリアDNAハプログループ（単一のグループのこと）に関する情報を取得してきた。

　ハプログループの決定にあたっては，SNPs（一塩基多型，single nucleotide polymorphisms）などの検出を行い，既存のデータ（〈PhyloTree-Build 17〉[3]）と照らし合わせて判定するという手順を踏む。

　最近では，NGS（Next Generation Sequence: 次世代シークエンス，DNA塩基配列を解析する装置を用いてつくられるデータベース）が古人骨DNAの分析に適用されたことで，ミトコンドリアの全配列（ミトコンドリアゲノム）に加えて，膨大な遺伝情報を含む核ゲノムの配列決定も可能となっている。その場合，APLP法の分析とは別にNGS分析用ライブラリを作成したうえで，ライブラリに含まれるヒトのミトコンドリアゲノムあるいは核ゲノムに由来するDNA断片を濃縮し，ヒト遺伝子の配列を読み取る作業を行っていく。濃縮作業は，古人骨から得られたミトコンドリアゲノムや核ゲノムの分析を効率的に実施するために必要な作業行程となる[4]。得られたゲノム配列同士，あるいは既報の現代人や古代人のゲノム配列と比較することで，本稿の目的である埋葬個体間の血縁推定や分析個体の遺伝的背景を明らかにすることができる。

　この後に述べる千葉県木更津市諏訪谷横穴墓群出土例に関しては，従来法のAPLP法によるハプログループ推定に加えて，NGSによるミトコンドリアゲノムや核ゲノムの配列の決定もあわせて実施した。

2 諏訪谷横穴墓群出土事例

DNA 分析を実施した人骨は，諏訪谷横穴墓群出土例（1987 年発掘調査を千葉県教育委員会・木更津市教育委員会の指導を受けながら財団法人君津郡市文化財センターが実施，現在，木更津市教育委員会文化課にて保管）である[5]。

諏訪谷横穴墓群は，千葉県木更津市請西諏訪谷 1496 他に位置する台地先端の西側斜面に所在していた。古墳時代に営まれた本横穴墓群からは計 8 基の横穴が確認されている（図 1）。数回の追葬が想定されており，横穴墓は 6 世紀末ごろ（TK209 型式期）に営まれたものと推測されているが，こうもりの骨が共伴していることなどからも長期間に及ぶ横穴の開口と中世の副葬品を伴った人骨が出土していることから，墓として後世にも使用されていたと考えられている[6]。

8 基の横穴のうち，5 基（4 号墓・5 号墓・6 号墓・7 号墓・8 号墓）からそれぞれ 4 体以上の人骨が出土している（表 1）。この中でも，DNA 抽出に適

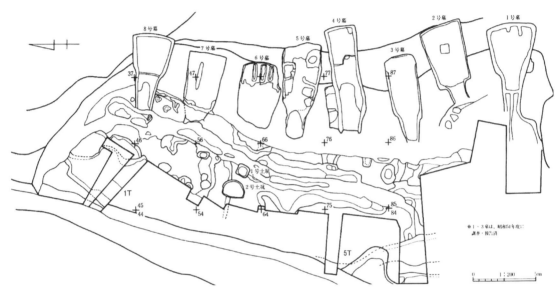

図 1　諏訪谷横穴墓群における遺構全体図（註 6 より）

表 1　諏訪谷横穴墓群出土人骨

		幼児	小児	未成人	成人	成人男性	成人女性	成年	成年男性	成年女性	壮年	壮年男性	壮年女性	熟年	熟年男性
4号墓	1号人骨		1		1	1									
	2号人骨		1				1								
	3号人骨		1												
	4号人骨		1								3			1	
5号墓	1号人骨										1			1	
	2号人骨		1									1	1		
6号墓	1号人骨	1													1
	2号人骨			1											
	3号人骨											1	1		
	4号人骨			1											
	5号人骨										1				
	6号人骨				1										
	7号人骨										1				
7号墓	1号人骨										1				
	2号人骨		1							1					
	3号人骨					1					2				
8号墓	1号人骨					1									
	2号人骨										4				
	3号人骨		1								2				

表2 解析した人骨と分析部位

通し番号	遺構番号	人骨番号	使用部位
1	4号墓	3号骨 No.7 側頭骨 [1]	左側頭骨
2		3号骨 No.7 歯 [1]	左上顎第二大臼歯
3	6号墓	7号骨 003 [2]	下顎乳臼歯
4			左側頭骨
5		6号骨 002 [3]	左側頭骨（子供）
6			右上顎第二大臼歯
7		3号骨 003 [4]	右上顎第三大臼歯
8		3号骨 004 [4]	右側頭骨
9		1号骨, 頭	左側頭骨
10	8号墓	2号骨	左側頭骨
11	5号墓	1号骨, 頭	左側頭骨
12		2号骨, 頭 012	左側頭骨
13	7号墓	1号骨 009	右側頭骨
14		2号骨 001	左側頭骨

[1] 1と2は別個体の可能性あり　[2] 3と4は別個体
[3] 5と6は別個体　[4] 7と8の関係は不明

表3 ヒト DNA の含有率

通し番号	遺構番号	人骨番号	ヒト DNA 含有率 (%)
1	4号墓	3号骨 No.7 側頭骨 [1]	7.69%
2		3号骨 No.7 歯 [1]	—
3	6号墓	7号骨 003 乳歯 [2]	—
4		7号骨 003 左側頭骨 [2]	27.03%
5		6号骨 002 左側頭骨 [3]	24.15%
6		6号骨 002 歯 [3]	—
7		3号骨 003 歯 [4]	—
8		3号骨 004 右側頭骨 [4]	6.50%
9		1号骨, 頭 左側頭骨	15.79%
10	8号墓	2号骨 左側頭骨	6.35%
11	5号墓	1号骨, 頭 左側頭骨	0.31%
12		2号骨, 頭 012 左側頭骨	36.56%
13	7号墓	1号骨 009 右側頭骨	—
14		2号骨 001 左側頭骨	27.14%

表4 ミトコンドリア DNA 分析の結果

通し番号	遺構番号	人骨番号, 分析部位	総ベアリード数 [n]	フィルタリング後のMtDNA断片数 [n]	ピークリード長 [bp]	平均深度 [x]	ミトコンドリアゲノムのカバレッジ	5' 末端C/T置換率	ハプログループ推定 APLP	ハプログループ推定 Haplogrep2.0 [quality]	ハプログループ推定 [5]	ハプログループ
1	4号墓	3号骨 No.7 側頭骨 [1]	342,105	44,363	43	147.96	1.000	0.129	G /M12	B4b1a1 (0.8622)	B4b1a1	B4b1a1
2		3号骨 No.7 歯 [1]	181,889	75,294	46	255.87	1.000	0.091	M8 (M8a, C, Z でない)	B4b1a1 (0.9146)	B4b1a1	B4b1a1
3	6号墓	7号骨 003 乳歯 [2]	986,036	229,037	58	974.92	1.000	0.052	G (G1, G2, G3 でない)	G4 (0.9167)	G4* (C194T 無し)	G4* (C194T 無し)
4		7号骨 003 左側頭骨 [2]	432,511	42,018	96	273.19	1.000	0.086	G/M12	G4 (0.9167)	G4* (C194T 無し)	G4* (C194T 無し)
5		6号骨 002 左側頭骨 [3]	831,364	38,470	42	121.54	1.000	0.141	G (G1, G2, G3 でない)	G4 (0.9167)	G4* (C194T 無し)	G4* (C194T 無し)
6		6号骨 002 歯 [3]	335,466	94,593	54	365.36	1.000	0.070	G (G1, G2, G3 でない)	G4 (0.9167)	G4* (C194T 無し)	G4* (C194T 無し)
7		3号骨 003 歯 [4]	249,340	68,007	46	239.04	1.000	0.088	R (B, F, F0, R9, U, J/T, P でない)	G4 (0.9116)	G4* (C194T 無し)	G4* (C194T 無し)
8		3号骨 004 右側頭骨 [4]	474,077	17,591	44	58.66	1.000	0.157	G/M12	G4 (0.9167)	G4* (C194T 無し)	G4* (C194T 無し)
9		1号骨, 頭 左側頭骨	606,812	71,641	46	276.30	1.000	0.135	D?	G4 (0.9167)	G4* (C194T 無し)	G4* (C194T 無し)
10	8号墓	2号骨 左側頭骨	272,538	4,660	43	16.19	0.999	0.143	M?, N?	B4b1a1 (0.9146)	B4b1a1	B4b1a1
11	5号墓	1号骨, 頭 左側頭骨	602,939	2,196	37	6.09	0.966	0.163	D?	D4b2b1 (0.8833)	D4b2b1	D4b2b1
12		2号骨, 頭 012 左側頭骨	409,816	146,718	49	707.38	1.000	0.107	B	B4a1c3a (0.9045)	B4a1c3a	B4a1c3a
13	7号墓	1号骨 009 右側頭骨	227,248	337	41	0.97	0.588	0.250	判定不可	H2a (0.6925)	判定不可	判定不可
14		2号骨 001 左側頭骨	467,141	167,724	52	826.43	1.000	0.107	B4c	B4c1a1 (0.8552)	B4c1a1	B4c1a1

[1] 1と2は別個体の可能性あり　[2] 3と4は別個体　[3] 5と6は別個体　[4] 7と8の関係は不明　[5] 註12

した部位を選択し，ここでは人骨 14 例を分析対象とした（表2・3）。人骨 14 点（側頭骨および歯）のうち，分析をした結果13点からミトコンドリアゲノムに関する分析結果を得た。

その中でも，6号墓では分析した7点のすべてがハプログループ G4 の祖型となっており，配列が一致したことから，これらの人骨は母系系統で血縁関係にある可能性が高いと推定される。一方，全ゲノム解析のうち常染色体(=性染色体以外の染色体のこと)の配列比較を行い，血縁の有無を検証したところ，6号横穴出土例については，2親等以内におさまり，兄弟・親子の両方の埋葬と推

測される結果が提示された。

このほか，遺構を超えたハプログループ B4b1a1 を共有する個体（4号墓・8号墓）が確認され，母型系統での血縁関係は同一横穴内に限らないことが明らかとなった（表4）。ただし，その後の全ゲノム解析では，遺構を超えて二親等以内の血縁は検出されていない。

3 DNA から探る古墳社会の様相
―血縁関係から探る社会の様相―

遺跡から出土する古人骨の血縁関係を探るにあたっては，これまでは形態小変異や歯冠計測値で

考察されてきたが，本稿で示したように，今後はDNA 分析の結果をもって研究を進めていくことになるだろう。DNA 分析によるデータは現状では古墳時代の資料に関しては多いとは言えないものの，同一遺構に埋葬されている複数個体の関係性についての DNA 分析も昨今は行われている。

例えば，山王横穴 1 号墓では，DNA 分析を実施した結果，血縁関係のある親子や兄弟と推定される被葬者が同一の埋葬施設に埋葬されている事例が確認されている[8]。しかし一方で，同一の遺構内から年の離れた個体や性差の異なる個体が複数確認されることがあり，こうした場合の解釈についてはまだ不明な点が多い[9]。しかし，諏訪谷横穴墓群出土例に関しては，古墳社会における親族構造の一端を提示することができた。

横穴墓の場合は，同じ遺構から複数の個体が出土する。そのため，これが家族単位なのか，兄弟で埋葬されているのか，親族関係についての研究がこれまでなされてきた。その一つして挙げられるのが，歯冠計測値を用いた研究がある[10・11]。

歯は遺伝的要素が強いため，サイズの類似度から血縁関係を考察できるという仮説がもとになっており，推進されてきた研究である。しかし，血縁者のペアと推定されたものの中には「他人の空似」が含まれることが当初から指摘されており，また，何親等であるのかといった詳細な推定も困難である。そのため，歯冠計測値を用いた研究には，依然として曖昧さが残っており，精度の問題があり，客観性に問題があることは否めない。

昨今提示されつつある DNA 分析による結果から，今回提示した諏訪谷横穴墓群出土例のように古墳社会の血縁関係についての研究は進展しつつある。そのため歯冠計測値から親族関係を提示することについての問題点を明示するために，DNA 分析の結果を加味し，整合性を提示することが必要となってくるであろう。

註

1) Kimura R., Yamagichi T., Takeda M., Kondo O., Toma T., Hneji K., Hanihara T., Matsukusa H., Kawamura S., Maki K., Osawa M., Ishida H., Oota H. A common variation in EDAR is a genetic determination of shovel-shaped incisors. *American Journal of Human Genetic*, 85, 2009, pp.528-535

2) Umetsu K., Tanaka M., Yuasa I., *et al*. Multiplex amplified product-length polymorphism analysis of 36 mitochondrial single-nucleotide polymorphisms for haplogrouping of East Asian populations. *Electrophoresis*, 26, 2005, pp.91-98

3) van Oven M. and Kayser M. Updated comprehensive phylogenetic tree of global human mitochondrial DNA variation. *Hum. Mutat.*, 30, 2009, E386-394. https://doi.org/10.1002/humu.20921

4) ミトコンドリア DNA の系統のみを調べて，形態学に基本を置いている多様な集団の系統を知ろうとすることには，はじめから限界があることもわかっている。そのため，より幅広いデータを得るためには，ミトコンドリア DNA と Y 染色体の遺伝子の双方を解析する必要がある。

5) 當眞嗣史「請西古墳群」『千葉県の歴史 資料編 考古 2（弥生・古墳）』財団法人千葉県史料研究財団，2003，pp.578-581

6) 當眞嗣史「諏訪谷横穴墓群 4 号～8 号墓の調査」『請西遺跡群 I 大山台 29 号墳・30 号墳 諏訪谷横穴墓群』財団法人君津郡市文化センター，1990，pp.31-74

7) 谷畑美帆・神澤秀明・角田恒雄・原山ボーロン崇「諏訪谷横穴墓群出土人骨から考察する被葬者について」『木更津市史研究』5，2022，pp.64-87

8) 神澤秀明「山王横穴墓群出土人骨のミトコンドリア DNA 分析」『大田区の埋蔵文化財 第 24 集 山王横穴墓群 II 発掘調査報告』大田区教育委員会，2019，pp.21-29

9) 古墳時代には夫婦原理の埋葬が極めて少ないことが指摘されている（清家章『古墳時代の埋葬原理と親族構造』大阪大学出版会，2010）。しかし，夫婦埋葬の可能性は完全に否定できない（清家章・篠田謙一・神澤秀明・角田恒雄・安達登「古墳時代前期首長墳被葬者の親族関係」『国立歴史民俗博物館研究報告』229，2021，pp.113-126）。東日本では，小野巣根古墳群 4 号墳（栃木県）のように，性別の異なる複数の個体を同じ石室に埋葬していると想定される事例（TK10，6 世紀前半，常川秀夫『小野曽根古墳群 4 号墳』岩舟町教育委員会，1989）もあり，夫婦埋葬はこれまで考えられていたよりも古くなるとも考えられる。このほか，親子なのか兄弟なのか，従兄弟なのか異母兄弟なのかといったことを可能な限り提示していくことが望ましい。

10) 田中良之『古墳時代親族構造の研究―人骨が語る古代社会―』柏書房，1995

11) 前掲註 9 清家 2010 に同じ

12) Kanzawa-Kiriyama *et al*. A partial nuclear genome of the Jomons who lived 3000 years ago in Fukushima, Japan. *Journal of Human Genetics*, 62, 2017, pp.213-221. doi:10.1038/jhg.2016.110

貝交易の運搬人を追う
ゲノム解析を読み解くために

木下尚子　KINOSHITA Naoko
熊本大学名誉教授

弥生時代の貝交易をテーマに，考古資料から人の移動を整理し，古代ゲノム解析への解読を試みる

　貝交易を最前線で支えたのは誰か。

　ここでいう貝交易とは，北部九州の弥生人が沖縄諸島の大型巻貝を得るために開拓した南北1200kmをつなぐ海上遠距離交易である。交易品はゴホウラ類とイモガイ類[1]で，これらの貝殻は腕輪の材料として弥生人に重宝された。彼らは貝殻と引き替えに米などを沖縄の貝塚人[2]に届け，貝塚人は輸出用の貝殻を集めて弥生人の要求に応えた。以下では，海域を往復して貝殻を運んだ運搬人をとりあげ，近年のゲノム解析成果と合わせてその移動の実態を検討する。

1　貝殻運搬人の姿—解釈の更新—

　貝殻運搬人の墓とみられるものの発見が，これまでに2件あった。沖縄本島の木綿原遺跡と宝島の大池B遺跡[3]である。

　木綿原遺跡（1977年調査）は砂丘に造られた集団墓地で，沖縄で最初に石棺墓が発見された遺跡として知られる。石棺7基を含む墓の周辺では，北部九州タイプの弥生前期土器や大型イモガイの集積が発見された。その後大池B遺跡（1993〜95年調査）でも同様の石棺がみつかった。この石棺は単独で存在し時期を示す遺物はなかったが，棺の形状と被葬者が着装していた見事なオオツタノハ腕輪によって，弥生時代につくられた可能性が高いとみられた。人骨についての人類学者の所見は，二つの事例ともに南島人[4]の形質的特徴を備えているというものであった[5,6]。これらのことから，木綿原遺跡と大池B遺跡の石棺墓被葬者は，貝交易に関わって弥生文化の墓に埋葬された南島人とみられた。私は，貝殻を運搬する南島人は弥生人と文化的に融合していたと理解した。

　しかしその後，同様の石棺が縄文晩期の奄美・沖縄で複数発見され，石棺と南島の伝統的な墓制との関連性も指摘されて[7,8]，石棺は弥生文化の影響で登場したものではないという理解が生まれた。さらにヤポネシアゲノムプロジェクト[9]において，木綿原遺跡石棺内人骨の1体（8号人骨）と

大池B遺跡の人骨の年代が縄文後期後葉に属するものであることが明らかになった[8]。つまりこれら2遺跡の事例は貝交易以前の，南島在来の墓に葬られた縄文時代の南島人ということになったのである。

　現在，弥生人の南下を示す人骨は木綿原遺跡9号人骨1例で，形質的に南島人と西北九州弥生人が重なっていると指摘されている[10]。遺構・遺物では，供献壺の使用など弥生人の葬送習俗を受容した事例や[11]，弥生人の直接的関与が不可欠な初期のゴホウラ腕輪や貝輪粗加工品の沖縄での出土例が指摘されている[12]。考古学的には弥生人が沖縄に至り貝塚人と交流していた可能性は高いのであるが，沖縄で弥生人そのものの存在は未だ確認されていない。

　古人骨のゲノム解析はこうした問題を解く有力な手段である。ヤポネシアゲノムプロジェクトA02班では，琉球列島の古人骨を対象に解析作業を進めてきた。その結果を受け，小稿では考古資料から人の移動を整理し，古代ゲノム解析への初歩的な解読を試みたい。まずは人々の日常的な移動状況の理解のために，貝交易開始期をはさむ前後1000年について見ていこう。

2　縄文後期以前の海上移動

　南九州から沖縄諸島に至る800kmの海域は，南北に隣接する島を目視できる関係が連続し，人が動きやすく文化的にも連動しやすい環境にある。宮城弘樹氏は，奄美・沖縄地域の先史時代の土器型式の特徴を次のようにまとめる：一時期九州の土器型式が琉球列島に強い影響を与え，その後各地で地域化して島嶼的な型式が生まれ，これがさらに地域化し，その後また九州からの新たな影響を受けるという一連の動きの繰り返しである[13]。

　九州からの強い影響を与えた土器の代表は，縄文前期の曽畑式土器である。沖縄本島伊礼原遺跡では九州から持ち込まれた曽畑式土器のほかに石匙，堅果類貯蔵施設，イヌがみられ，文化全体が

パッケージとして九州から導入されたと指摘されている[14]。この場合は，九州縄文人が実際に南下していた可能性を考えてよいだろう。その後は，近隣島嶼間での往来によりそれぞれに島嶼化が進展した。九州と南島との関係では，曽畑式土器に代表されるように，文化的影響は常に九州から南島に向かうものであり，その逆はなかった。ときに北に運ばれる南島の土器もあったが，これらは熊毛諸島を北限とし，鹿児島本土に上陸する事例はほとんどない。

3　縄文後期後半から晩期の変化

　縄文後期後半から晩期，奄美・沖縄地域で黒曜石の需要が高まると，それまでに南下を専らとしていた琉球列島のモノの動きに変化が訪れる。その発端は北部九州にある良質の黒曜石産地（腰岳）で開発された石器製作技法の拡散であった。この技法が縄文後期後半に黒曜石とともに九州の西半から薩摩半島に広がり，続く晩期にかけて規格性を失った黒曜石製品などが奄美・沖縄にも運ばれたのである[15・16]。南島における黒曜石の拡散は島嶼間の日常的な交流によるとみられるが，奄美・沖縄の豊富な出土事例はこれが石鏃などに加工されて盛んに消費されていたことを伝えている。徳之島の塔原遺跡では相当量の黒曜石が出土し，流通の拠点であった可能性もある[17]。台地上の集落でくらす奄美・沖縄人にとって，黒曜石は利用価値の高い素材であったに違いない。こうして，南島に黒曜石を求める北への動きが初めて生まれる。

　先述した木綿原遺跡8号人骨と大池B遺跡の人骨は，較正年代でともに紀元前1200年前後に属し，奄美・沖縄に黒曜石が流通する時期と重なっている。木綿原遺跡では，調査区内で腰岳産黒曜石の石核と剥片が出土している。このあと弥生時代の貝交易に至るまでの墓が木綿原遺跡で連続することに注目すると[11]，縄文後期後半に木綿原に葬られた人々は，黒潮海域を移動することを専らとするグループであったという理解が可能になる。そうであれば，木綿原8号人は，黒曜石の流通に関わって木綿原に本拠地を拓いた海上移動集団の一人といってよいだろう。

　宝島の大池B遺跡のある宝島は，本格的なサンゴ礁の発達する熱帯海域の北限域にある。島の北に横たわるトカラ海峡は航海の難所として知られ，この海峡を境に南北の陸の自然環境も変わ

る[18]。南島人にとって，サンゴ礁の海の広がる宝島以南こそが馴染みある南島世界であった。今のところ南島型石棺墓[7]は宝島より北には認められず，大池B遺跡がその最北の墓といってよい。

　奄美・沖縄における黒曜石消費は，奄美・沖縄域内での流通を促進したと予想される。需要の増加はときに南島人に南島世界の境界を越えて北上する積極的な航海をさせたようだ。縄文後期後半から晩期にかけて鹿児島本土に奄美の土器が断続的に登場することや，オオツタノハ腕輪が薩摩半島の縄文後期後半の貝塚にみられるのは[19]こうした行為によるのだろう。宝島で腕輪をはめていた大池B人も，九州のオオツタノハ消費に繋がっていただろう。

　奄美・沖縄における黒曜石の流通は，人々の日常の移動域を拡げ，情報網を緊密にしたと考える。

4　貝交易のはじまり

　南島における縄文後期後半以降の情報化は，奄美・沖縄と九州間の文化的距離を急激に縮めた。南島の縄文晩期土器が無文化し，ときに全面にわたって研磨を加えるようになるのは九州の黒色磨研土器の影響であろうし，九州にもたらされた良質なヒスイが南島各地にそのまま届いているのも流通の賜物であろう[20]。縄文晩期末から弥生前期には，東日本系の土器が沖縄に運ばれている[21]。九州の動向は南島に迅速に伝わるようになっていた。

　弥生早期から前期前葉になると西北九州に韓半島の文化が支石墓とともに伝わり，人々の間にそれまでにない装身習俗が生まれた。それは成人の男女がそれぞれに異なる種類の腕輪をはめる習俗で，その素材にはオオツタノハが，やや遅れて大型イモガイとゴホウラが使われた。南島産大型巻貝の消費は，支石墓人によって始まったのである。

　注目すべきは，この時期に沖縄本島ではすでに交易用の大型イモガイ集積が残され（紀元前8世紀），ゴホウラ腕輪の粗加工品が登場している事実（紀元前7世紀）である[11]。九州の消費に対するこれほど迅速な対応は，南島と九州との緊密な関係の基盤なくしては実現しえない。支石墓人にとって未知の素材であったイモガイとゴホウラを，沖縄にある多くの大型貝類の中から迷いなく選んだ行為にも，南島の物産に対する九州側の十分な情報と知識が窺える。

　弥生前期後葉になると，北部九州の農耕民もゴ

ホウラを消費しはじめる。彼らは貝殻入手のために南九州に交易の中継地をおき，沖縄の貝殻生産地と消費地をむすぶ遠距離交易を運営した。中継地に残された遺物は，貝殻の運搬が西北九州人，奄美人，南九州人による連携で行われていたことを示している。弥生中期後半（紀元前3〜前2世紀）以降には，西北九州人の貝交易への関与がなくなり，黒潮海域の往来は専ら南九州人と奄美人が担うことになる。貝交易は，その後弥生後期初頭まで800年ほど継続する。

5 黒潮を南下した人々

述べてきたことをもとに，九州・南島間の縄文後期以降の人の動きを描いてみよう。その特徴は，両地域間の人の移動が，基本的に北から南に向かっていたという点である。トカラ列島を南下して奄美・沖縄に至った九州人の多くは，土器型式をみる限り南九州を出発地としている。黒曜石が南島に拡散する縄文後期後半から晩期にかけての時期には，九州西海岸から南下する人が加わっていたかもしれない。

しかしこうした南下の多くは，航海の牆壁であったトカラ海峡の手前で止まり，それ以南については，選択的であった。弥生時代に貝交易が始まると，経済的な動機によりこの牆壁は低くなるが，これにはトカラ海峡に臨む北側の宝島と南側の奄美大島の人々の関与が大きかった。

貝交易の初期には消費地の状況をよく知る西北九州弥生人が，南九州人・奄美人とともに沖縄の貝殻産地に入り，貝殻の選定や粗加工品の製作を貝塚人とともに行っていたと考えられる。南下集団に福岡平野人がいた可能性もあるが，交易において沖縄をもっとも頻繁に訪れ，もっとも長く滞在した弥生人は西北九州人であった。

その西北九州人の，まさに貝交易初期の女性のゲノムが解析されている。佐賀県大友遺跡8支石墓に葬られていた熟年女性は，両腕にオオツタノハ腕輪をはめていた。私は韓半島人あるいは縄文人との混血という結果を予想していたが，そのゲノムは縄文人のそのものであったという[22]。「外来の墓制と装身習俗を受け入れて弥生人っぽくなった縄文人」も，考古学では「弥生人」である。

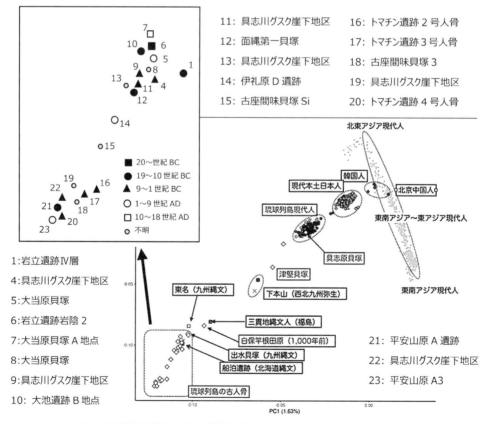

図1 琉球列島古代人のゲノム解析主成分分析 （右下図：国立科学博物館による）

貝交易前夜には，こういう「弥生人」が沖縄に来ていたのかもしれない。その母集団である西北九州の支石墓人たちのゲノムによる全体像を知りたいところである。

6　琉球列島人のゲノムと貝交易

　図1の右下図は，国立科学博物館による核ゲノム解析の主成分分析図である[23]。琉球列島の古人骨は，全体の左下にまとまっており，右上から左下に一列に分布している。ゲノムの系統解析では琉球列島人は1万年ほど前に九州人と分岐し，それ以降は混じり合うことがなかった可能性が高いという[24]。

　古代資料なので誤差をもつ可能性もあるというが，図1では右上ほど琉球列島現代人や九州先史人に近いので，それらの集団との混血が進んでいることを表し，図の左下ほど先史時代の琉球列島人に近い遺伝的な特徴をもつということになる。

　図1の左上図は，琉球列島の部分を取り出し時期ごとに印をつけたものである。どの時期でも同じ範囲内での分散が認められる一方で，沖縄諸島内の北寄りにある遺跡と，新しい時期の遺跡が右上に集まる傾向がある。No.10大池B遺跡の人骨も北よりのグループに入っている。貝交易の盛んな地にある大当原人骨（図1 - No.5）が北のグループにあるのは南下した「弥生人」の影響であろうか。貝交易に関わったことが明らかな木綿原遺跡の人骨の解析を含めて，今後の古人骨ゲノム研究に期待したい。

註

1)　ゴホウラ類はゴホウラとアツソデガイ，イモガイ類はアンボンクロザメとクロフモドキ。
2)　沖縄貝塚時代後期人を指す。
3)　1995年の概報では大池遺跡B地点であったが，その後の正式報告で大池B遺跡と改められた。春成秀爾・設楽博己・竹中正巳「鹿児島県宝島大池B・C遺跡の発掘調査」『国立歴史民俗博物館研究報告』228，2021，pp.55 - 100
4)　「南島」は琉球列島と同義。小稿ではとくに奄美・沖縄地域をさす。
5)　松下孝幸「沖縄県読谷村木綿原遺跡出土の弥生時代人骨」『南島考古』22，2003，p.67 - 108。松下氏は真志喜安座間原39 - A人骨についても，響灘沿岸の弥生人との同様の関係を指摘している。
6)　竹中正巳・峰　和治・設楽博己・春成秀爾「鹿児島県宝島大池B遺跡出土貝塚前期人骨の形質人類学的調査」『国立歴史民俗博物館研究報告』219，2020，pp.243 - 256
7)　時津裕子「南西諸島における箱式石棺墓の再検討」『琉球・東アジアの人と文化』上巻，2000，pp.239 - 249。時津氏は，ここで「南島型石棺墓」の呼称を提示している。
8)　木下尚子・坂本　稔・瀧上　舞「鹿児島県宝島大池遺跡B地点出土人骨の年代学的調査」『国立歴史民俗博物館研究報告』219，2020，pp.231 - 242
9)　文部科学省の新学術領域研究「ゲノム配列を核としたヤポネシア人の起源と成立の解明」のB01班「考古学データによるヤポネシア人の歴史の解明」（代表：藤尾慎一郎）
10)　前掲註5文献，p.89
11)　木綿原遺跡1号石棺。木下尚子「貝殻集積からみた先史時代の貝交易(2)」『国立歴史民俗博物館研究報告』229，2021，pp.15 - 44
12)　木下尚子「南海産貝輪交易考」『生産と流通の考古学』1989，pp.203 - 250　ほか
13)　宮城弘樹『琉球の考古学　ピスカルセレクション考古6』敬文舎，2022，pp.44 - 46
14)　山崎真治「沖縄・先島と台湾」『季刊考古学』125，雄山閣，2013，pp.71 - 73
15)　小畑弘己・盛本　勲・角縁　進「琉球列島出土の黒曜石製石器の化学分析による産地推定とその意義」『Stone Sources』4，石器原産地研究会，2004，pp.101 - 136
16)　神川めぐみ「九州の縄文時代後晩期における石刃流通ー鈴桶型石刃技法について」『熊本大学社会文化研究』2008，pp.151 - 167
17)　小畑氏らの統計によると，出土数385のうち塔原遺跡出土数は全体の51％を占める。奄美群島で75％が出土しており，黒曜石の流通に果たした奄美群島の重要さが窺える（前掲註15）。
18)　生物地理学では渡瀬線と呼ばれ，温帯と亜熱帯の境界になっている。
19)　薩摩半島でみつかった面縄東洞式土器，宇宿上層式土器，喜念Ⅰ式土器。薩摩半島の川上貝塚，天草の一尾貝輪のオオタタノハ腕輪などがある。
20)　新里貴之「南島出土ヒスイ製品の特質」『縄文と沖縄』沖縄県立博物館・美術館，2018，pp.88 - 95
21)　設楽博己「南西諸島の大洞系土器とその周辺」『東京大学考古学研究室紀要』31，2018，pp.47 - 60
22)　篠田謙一「弥生人とは誰なのかーゲノム無解析で判明した遺伝的な多様性」『科学』92―2，岩波書店，2022，pp.132 - 137
23)　この分析の詳細については，本誌篠田による口絵・論文（20頁）を参照されたい。
24)　母方に由来するミトコンドリアDNAの全基配列を用いた系統解析による。篠田謙一『人類の起源』中公新書2683，2022，pp.203 - 204

青谷上寺朗
弥生人の復顔像

濵田竜彦 HAMADA Tatsuhiko
鳥取県地域社会振興部文化財局

「青谷上寺朗」という弥生人をご存知だろうか（図1左）。約1,800年前，倭国大乱の時代に生を受けた男性である。名は鳥取県の青谷上寺地遺跡に因む。SD38-2という溝跡から出土した彼は，今やちょっと世間に顔が知られた弥生人となり，青谷上寺地遺跡のPRにかかせない人物である。

前日談－復顔像の制作 2018年1月に国立科学博物館，国立歴史民俗博物館と鳥取県による青谷上寺地遺跡出土弥生人骨のDNAや年代に関する共同研究がスタートした。この時にはまだ弥生人の復顔像を制作するとは思いもしなかった。

そして同年6月に国立科学博物館の特別展「人体―神秘への挑戦―」を観覧し，縄文時代の女性像と出会う。北海道の船泊遺跡出土人骨の復顔像である（本誌80頁神澤コラム参照）。この人骨は全ゲノムが解析され，その遺伝情報が復顔像に反映されているという。静かに遠くを見つめる縄文人と対面していると，縄文時代との距離が縮まったように感じた。

おりしも青谷上寺地遺跡の史跡整備を担当しており，遺跡の魅力向上について思案していた。船泊の縄文人のように，最新の研究と技術で弥生人の顔がよみがえれば，きっと弥生時代を身近に感じてもらえるだろう。「弥生人に会える」，そんな展示が実現すれば面白い。後日，国立科学博物館を訪ね，人類研究部の方々に復顔像制作について相談したところ，ゲノムの解析や造形の監修にご協力いただき，復顔像を制作することになったのである。

誰の顔を復元するのか 頭蓋骨の保存状態が良く，顔面部分の情報量が多いことが復顔の重要な条件となる。贅沢なことに，青谷上寺地遺跡には，この条件を満たす頭蓋骨が7個体もあった（第3・5・7・8・10・32頭蓋）。いずれも男性である[1]。国立科学博物館の坂上和弘さん曰く，遺跡から出土した人骨を基に復顔を行う場合，その遺跡でもっとも平均的な顔，またはその遺跡の特徴がもっともあらわれている顔を基準とするのが望ましい。

ところが，7個体の頭蓋骨には面長，幅広，中庸な顔があり，平均的または特徴的な顔を1つに絞ることが難しい。

誰（どの個体）の顔を復元するのか。悩んだ末に，復顔の対象としたのが，第8頭蓋である（図1右）。前歯を欠くが頭蓋骨が完存している。国内最古の脳が発見された個体であることも決め手となった[2]。また，第8頭蓋はDNAの保存状態も良く，ゲノムの解析によって，髪の毛が太く，黒々としていたことが明らかになった。

第8頭蓋の素顔 第8頭蓋の顔の形は中庸で，前頭部が垂直に立ち上がり，なだらかに頭頂部へと続く。また，眉弓は膨隆し，眉間が少し突出している。やや縄文的な特徴をもつと指摘されていた個体である。DNA分析では，母系は渡来系，

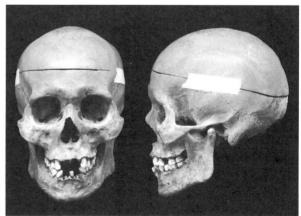

図1 青谷上寺朗と第8頭蓋（鳥取県提供）
第8頭蓋は頭蓋の縫合がほとんどの部分で癒合閉鎖しており，その年齢は熟年だが，青谷上寺朗の復顔年齢は壮年前半とした。

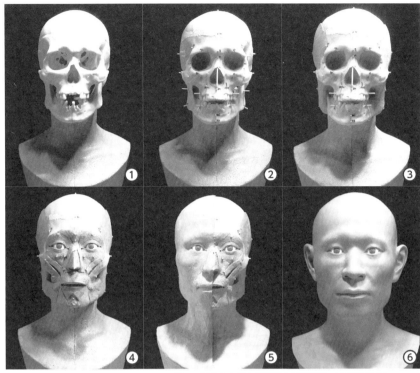

①頭蓋骨のレプリカを作成。
②欠損部分を補い，軟部組織の厚みを示す。
③咀嚼筋を再現。
④眼窩に眼球をはめ，表情筋を再現。
⑤皮膚を再現。

図2　青谷上寺朗の復顔像の原型制作（鳥取県提供）

父系は縄文系のグループに属することが判明している。つまり，渡来人の子孫と縄文人の子孫が混血した弥生人である。

そして，図3の作業をへて私たちの前に現われたのは，どこかで出会ったことがありそうな顔だった。青谷上寺地遺跡から出土した弥生人骨のうち，核ゲノムが解析された個体（第8頭蓋を含む）は，いずれも現代日本人のグループに属している（本誌篠田口絵参照）。紀元2世紀の青谷上寺地遺跡には，現代の日本人となんら変わらない顔立ちをした人びとが多く暮らしていたようだ。

後日談－青谷上寺朗とそっくりさん　2021年10月，完成した第8頭蓋の復顔像をお披露目した。その直後から多くの報道番組に取り上げられ，SNSではサッカー選手や俳優の誰々に似ているといった話題も飛び交った。そこで，復顔像の「名前」と「そっくりさん」を募集したところ，全国各地から名前に841作品，そっくりさんに215名の応募があり，厳正な審査をへて，2022年1月に青谷上寺朗と命名された復顔像のそっくりさん10名が選ばれた。また，同年5月には，10名のそっくりさんが鳥取市青谷町に集合して，グランプリを競うイベントを開催し，大いに盛り上がった。

今も出張先などで名刺を差し出すと，「弥生人（または，そっくりさん）の遺跡ですよね」と声をかけられる。制作中に同僚と「どこかにそっくりな人がいるかもね」と話したりもしていたが，まさかこれほど注目されるとは思ってもいなかった。第8頭蓋の復顔像，青谷上寺朗は，青谷上寺地遺跡の知名度向上に大貢献している。

2024年3月に鳥取県立青谷かみじち史跡公園が開園する予定である。今後，史跡公園の展示ガイダンス施設が青谷上寺朗の終の住処となる。ぜひとも，たくさんの方に遊びに来てもらいたい。

註
1) 第32頭蓋の性別は女性と報告されていた（井上貴央・松本充香「青谷上寺地遺跡から検出された人骨」『青谷上寺地遺跡4』第2分冊，鳥取県教育文化財団，2002，pp.436‐469）。もともと男女の区別が難しい個体だったが（井上貴央『青谷の骨の物語』今井書店，2009），核ゲノム分析により男性と判明した（神澤秀明・角田恒雄・安達登・篠田謙一「鳥取県青谷上寺地遺跡出土弥生後期人骨の核DNA分析」『国立歴史民俗博物館研究報告』228，2021，pp.295‐308）。
2) 坂上和弘「復顔の条件」『とっとり弥生の王国2021Autumn 特集 続・倭人の真実』鳥取県，2021，p.28

北海道船泊縄文女性
誕生秘話

神澤秀明 KANZAWA Hideaki
国立科学博物館

　2015年1月，私が在籍している国立科学博物館筑波研究施設の人類研究部に，とある「極上」のDNA溶液が届けられた。船泊23号女性人骨の大臼歯から抽出したDNAである。船泊遺跡は北海道礼文島の北側の湾に面した縄文時代中期後半〜後期中葉にかけての時期を主体とする遺跡で（図1），1999年に発掘調査が行われた。複数の埋葬人骨や獣骨，考古遺物が出土しており，人骨は現在，札幌医科大学に収蔵されている。

　その学術調査の一環として，山梨大学医学部の安達登教授が船泊人骨のミトコンドリアDNAの分析を試み，分析した14個体すべてから結果を取得した[1]。古人骨のDNA分析で，これだけ多くの数の古人骨を分析して成功率が100％という例は他の日本の遺跡ではほぼみられないだろう。つまり，DNAの保存状態が抜きん出て良好だったことを示している。14個体の人骨のなかでも特にDNAの保存状態のよい人骨がいくつか存在した。さらにそのなかでもっとも状態が良く，極上のDNAだったのが23号の女性人骨である。

　2010年に次世代シークエンサと呼ばれるDNA配列解読装置が古人骨のDNA分析に導入されると，古代人の全ゲノム配列を網羅的に分析することが可能になった。日本の先史人についても，2016年に論文が発表された福島県三貫地貝塚の縄文時代晩期の人骨のゲノム解読を皮切りに，複数の人骨の全ゲノム分析が進められている。膨大

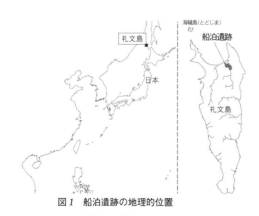

図1　船泊遺跡の地理的位置

な核ゲノムの情報が得られるようになったため，わずか1体の古人骨からも，さまざまな統計解析が可能となった。例として，本誌「DNA分析と考古学」で設楽博己が報告している群馬県八束脛遺跡の弥生時代人骨（56頁）は，主成分分析（PCA）の結果，遺伝的には縄文人の直系の子孫であることがわかっているし，清家章（66頁）や谷畑美帆（70頁）が行った古墳や横穴墓から出土した人骨のDNA分析では，同一石棺や横穴に埋葬された人骨の血縁関係について議論している。

　現実には，すべての古人骨の核ゲノムの配列を決められるわけではないが，2018年度から5年間実施した，ヤポネシアゲノムプロジェクトの400体を超える人骨の4割ほどで，核ゲノム分析まで進めることができている。今回，改めて集計したところ，なかなかの成功率である。これも，人骨にわずかしか残らないDNAを精度良く抽出するだけの実験スキルを持っている山梨大学の安達登教授と角田（かくだ）恒雄助教のおかげである。DNA抽出がしっかり行えなければ，いくらこの後の実験工程や解析手法が改良されても，データを得ることはできない。DNA抽出は，すべてを支える肝となる工程なのであり，まさに縁の下の力持ちなのである。

　しかし，核ゲノム分析した4割の人骨のほぼすべては，ゲノム全体をうっすらと配列解読したいわゆるドラフトゲノムであり，現代人ゲノムと同程度に高精度に解読できた人骨は現在でも数個体に限られる。その一番乗りが船泊23号女性人骨であった。

　船泊23号の高精度ゲノムは，これまでは難しかった縄文人の姿や体質，疾患関連の分析を可能にした。これらの解析を進めたのは，金沢大学の田嶋敦教授らで，非常に興味深い結果を得た。まず疾患関連だが，CPT1A遺伝子に機能的変化を起こすPro479Leuの突然変異が検出された。日本を含む世界中の集団にこの変異はほぼ存在しない，珍しい変異であるが，この突然変異は高脂肪食の代謝に有利で，北極圏に住むヒト集団ではこの変異が見られる頻度は70％を超えている。北極圏の人びとは脂肪豊富な海獣類を狩猟しており，この遺伝子変異に正の自然選択が生じている。船泊遺跡から出土した遺物の分析でも，船泊縄文人の生業活動は海獣類を対象とした狩猟や漁撈が中心であったことが明らかであり，この変異は彼ら

図2　船泊23号女性頭蓋の顔面部位の修復作業
作業は研究部の坂上和弘（研究主幹，現・グループ長）が行った。

の生活様式に適応していた可能性がある。続いて船泊23号の特徴的な容姿を抜き出すと，肌は現代人の平均よりも濃く，髪の毛は巻き毛だったようだ。また，肌にシミはできやすく，アルコール耐性が強かった。

　以上の結果をもとに顔を形成したのが口絵のカラー写真である。この女性の復顔は，2018年に国立科学博物館で行われた特別展「人体」で初めて公開された。この復顔を見た観覧者のなかには，「うちのおばあちゃんに似ている」とつぶやいた方がいると漏れ聞いている。復顔の作成工程はまず，頭骨の精密な模型を作成し，そこに特殊な粘土を貼り付けて造形する。粘土は頭骨に対して均一に盛り付けるのではなく，現代人を計測して得られた軟部組織の厚みを参考にして，表情筋や咀嚼筋などの筋肉を貼り付けたのち，その上に皮膚に相当する薄い粘土を貼り付けることで復元する。顔の骨から目や鼻の形状，鼻の高さなどだけではなく，それらの配置が推定されるため，骨の残存部位は多いのが望ましい。欠損部がある場合は，対応する反対側の顔面を鏡像反転することによっ

てデジタル復元する必要がある。23号の復顔を進める際，当初は鼻根部から上顎にかけての顔面の骨が両側ともに欠損していた。そのため，デジタル復元も行えない。しかしながら，頭蓋骨の他の部位の保存状態は極めて良好であることから，未接合の人骨片の中に欠損部位が残されていないか，精査した（図2）。幸い，大部分で顔面が修復されたことから（図3a），軟部組織を貼り付け（図3b），続いて，骨の形態から推定された23号女性の年齢が老年であることを考慮して，しわや皮膚の質感などの細部の表現を作り込み，さらにゲノム分析で得られた表現型の情報を反映させて，最終的に復顔が完成した（口絵カラー写真，図3c）。

　今回のように，縄文人の高精度ゲノムから表現型を推定して復顔に反映させることで，本コラムや展示などの機会を通じて，古代人の実像をより高い精度を持って伝えられるようになった。一方で，今回の復顔に関する表現型は6形質ほどであり，それを決めるSNP（一塩基多型）も10ヶ所に満たない。これらの表現型とSNPなどの遺伝的変異の関係は，現代人のゲノム情報を探索する研究手法によってこれまで明らかにされてきた。現時点ではここまでであるが，今後のゲノム研究の進展によって，顔の表現型に関しても情報が蓄積していくと期待される。それに伴って，この女性復顔像も姿を変えていくことになるだろう。

註

1)　Adachi N., Shinoda K., Umetsu K., and Matsumura H. Mitochondrial DNA analysis of Jomon skeletons from the Funadomari site, Hokkaido, and its implication for the origins of Native American. *American Journal of Physical Anthropology*, 138, 2009, pp.255-265

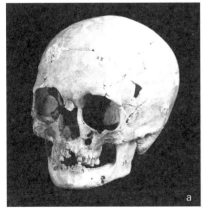

図3　復顔の様子（国立科学博物館提供）
a. 頭蓋骨　　b. 軟部組織貼付後　　c. ゲノム情報を加味した復顔後

季刊考古学 年間定期購読のご案内

年間購読料　本体（税抜）2,400円×4冊＝9,600円（送料無料）
年間4回（季刊）の発売と同時にお手元にお届けします。

定期購読をご希望の方は，下記のお申し込み方法とご注意をご覧のうえ，お申込みください。お支払方法は，基本的に郵便振替での前払いとなります。

■定期購読のお申し込み方法

① 下記必要事項をご連絡ください。電話・FAX等で受け付けます。また，弊社ホームページからはお申込みフォームによって簡単に送信できます。ご活用ください。

【必要事項】
・お名前・フリガナ
・ご住所（郵便番号・都道府県・ビル・マンション名もお知らせください）。
・電話番号・メールアドレス
・別冊季刊考古学の定期購読の有無
　　＊季刊考古学には，本誌の他に『別冊 季刊考古学』があります（不定期）。
　　＊別冊は刊行が不定期ですので，刊行のつど，請求書と振込用紙を同封させていただきます。
・バックナンバーを合わせてご購入される場合は，号数をお知らせください。
② お申し込み後，弊社よりお送りする振替用紙にて郵便局よりお振込下さい。
③ お振込みを確認次第，振替用紙記載の開始号から送付させていただきます。
　なお，お客様からのお申し込み日を基準として購読期間を設定，送本を開始させていただきますので，下記ご購読に関しての注意事項をよくお読みいただいたうえ，お申し込み下さい。

■お問い合わせ先

雄山閣　営業部　Mail.info@yuzankaku.co.jp ／ HP. http://www.yuzankaku.co.jp
Tel. 03 - 3262 - 3231／ Fax. 03 - 3262 - 6938（営業時間：平日9：00〜17：00）

■定期購読に関してのご注意

□開始号について
『季刊考古学（本誌）』は年間4回の発売予定です。お客様からのお申し込み日直後の号から定期購読の送本を開始いたします。なお，お客様の定期購読期間につきましては，弊社よりお送りする年間購読料金振込み用紙に記載させていただきますので，よくお確かめ下さい。

□配送について
運送会社より，住所（マンション等の場合，建物名・部屋番号）と表札を確認しポストに投函する方法で配送をおこなっております。お届け先が特定できないと配送されない場合がございますので，建物名・部屋番号・「〜様方」等の詳細をご記入のうえお申込み下さい。

□配達日について
弊社より発売と同時に発送を手配致しますが，交通事情等により到着が遅れることがございます。また，万が一到着が大幅に遅れた場合や，発売日を過ぎても届かない場合がありましたら，大変お手数ですが上記のお問い合わせ先までご連絡下さい。

□住所変更について
本書籍の配送は上記方法でおこなっており，郵便ではございませんので，新しい住所への転送はされません。購読期間中にご住所等の変更があった場合は，氏名，新しい送付先，電話番号，変更の期日を上記のお問い合わせ先までご連絡下さい。

□購読更新について
購読期間終了が近づきましたら弊社より次年度の購読についてご案内申し上げます。

＊その他，ご不明な点などがございましたら，上記までお気軽にお問い合わせ下さい。

神奈川県荻野川流域の前方後円墳

神奈川県厚木市及川伊勢宮遺跡
<small>おいがわいせみや</small>

宮井　香・小林友佳
公益財団法人かながわ考古学財団

1　遺跡の所在地と周辺の様相

及川伊勢宮遺跡が所在する厚木市は，神奈川県のほぼ中央を南北に流れる相模川右岸の中流域に位置する。上流域西北部から西部は主に丹沢山地の北東側にあたり，山地の南東は，丹沢山地を源流とする中津川，荻野川，小鮎川，恩曽川，玉川などの河川によって丘陵および台地が形成され，東側は相模野平野と呼ばれる沖積平野が広がる。遺跡は，河岸段丘構成層田名原面にあたり，荻野川と中津川に挟まれた荻野台地に位置している。発見された前方後円墳は，荻野川によって形成された低地を望む河岸段丘崖寄りに立地している。

相模川流域の本遺跡周辺において古墳時代前期・中期の前方後円墳としては右岸では，厚木市ホウダイヤマ古墳，地頭山古墳，愛甲大塚古墳がある。このほか，四獣形鏡を含む多量な副葬品が出土した，直径55mの円墳または前方後円墳とされる吾妻坂古墳がある。また，左岸では3世紀後半の前方後円墳を含む海老名市秋葉山古墳群，瓢箪塚古墳などがある。相模川流域では小河川単位に古墳が築造されたことがわかってきており，本遺跡が所在する荻野川流域には，南方約600m下流の位置に5世紀後半とされる方墳1基を含む円墳の周溝が10基ほど確認された山ノ上古墳群がある。

発掘調査は，公益財団法人かながわ考古学財団が2022（令和4）年1月から厚木秦野道路建設に伴う事前調査として実施している。なお，今回の調査面積は9,132㎡である。　　　　　　　　　（宮井）

2　発掘調査成果の概要

今回の調査では，縄文時代は竪穴住居跡，土坑，ピット，集石遺構，配石遺構，焼土範囲，古墳時代は古墳（前方後円墳1基，方墳1基，円墳2基），奈良・平安時代は土坑，ピット，溝状遺構，道状遺構，竪穴状遺構，中世は塚，地下式抗，土坑，ピット，溝状遺構，竪穴状遺構，段切り，近世は塚，土坑，ピット，溝状遺構，畝状遺構を検出した。

本誌では，特筆すべき遺構である古墳のうち，前方後円墳と方墳について詳述する（図1）。ただし，墳丘の検出範囲と計測値，見解は現時点のもので，今後の検討により変更が生じる可能性があることをご承知いただきたい。

前方後円墳（1号墳）　調査以前から後円部の墳丘が一部遺存していたため，円墳と推測されていたが，今回の調査によって前方部と周溝の存在が認められるとともに，相模川の支流である荻野川流域では初の事例となった。後日，墳丘確認調査を行ったが，埋葬施設は遺存しておらず，副葬品等の古墳関連遺物の出土もなかった。奈良・平安時代，中世面の調査時には，すでに土地利用や後円部を塚として転用した痕跡が認められており，墳丘は築造後比較的早い段階で盗掘・削平を受け，縮小していたと考えられる。

墳丘全長は37m，周溝を含めた主軸長は45mで，後円部直径21m，くびれ部は幅6m，前方部先端は約15mを測り，主軸方位はN-66°-Wである。周溝は墳丘と相似形にめぐり，後円部側の幅が約5m，深さ約1m，前方部側が幅約3.5m，深さ約50cmを測る。周溝からは土師器の壺と高坏の破片が数点出土しており，赤彩を施すものや搬入土器である畿内系の精製土器を含む。築造年代は周溝出土遺物より，古墳時代前期後半～中期初頭に比定している。

方墳（2号墳）　墳丘の大半が調査範囲外であるうえに，範囲内である南西側も宅地造成により大きく削平を受けていたが，方形にめぐる周溝のうち二辺を検出した。墳丘は一辺約14m，周溝を含めると約18mの規模と推定され，主軸方位はN-35°-Eである。周溝は幅が約1.8～2.0m，深さは約1.2～1.5mと幅が狭く深い。また，その周溝覆土断面からは特徴的なテフラ層を確認した。

遺物は周溝南東コーナー付近のテフラ上層から，土師器の小型丸底壺2点が約3m間隔に据え置かれた状態で出土した。いずれもほぼ完形で底部穿孔はされておらず，うち1点は外面から口縁部内面にかけて赤彩を施す。そのほか，高坏の破片も数点出土しており，これらはともに埋葬祭祀に用いられた供献土器である可能性が高いと考えられる。築造年代は周溝出土遺物より，古墳時代前期後半～中期初頭に比定している。

3　意義と課題

神奈川県下でも相模川流域は，畿内王権による東国支配の結節点として，早期から古墳文化が波及したことは，前方後円（方）墳の分布からも明らかである。本遺跡が所在する相模川右岸の中流域でも，前～中期にかけて吾妻坂古墳のような，相模川下流域の畿

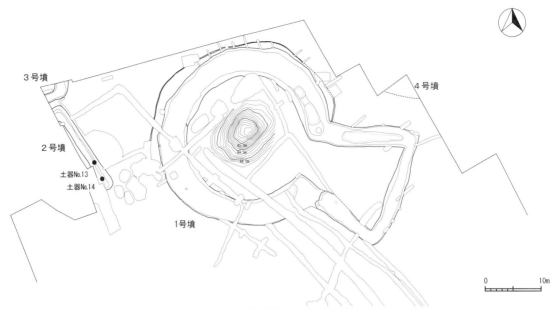

図1　及川伊勢宮遺跡の古墳配置図

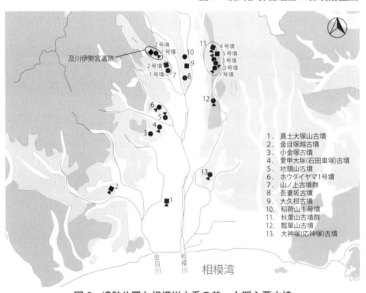

1. 真土大塚山古墳
2. 金目塚越古墳
3. 小金塚古墳
4. 愛甲大塚(石田車塚)古墳
5. 地頭山古墳
6. ホウダイヤマ1号墳
7. 山ノ上古墳群
8. 吾妻坂古墳
9. 大久根古墳
10. 稲荷山1号墳
11. 秋葉山古墳群
12. 瓢箪山古墳
13. 大神塚(応神塚)古墳

図2　遺跡位置と相模川水系の前・中期主要古墳

内第二期的様相を示す副葬品をもつ，真土大塚山古墳に次ぐ時期の有力首長墓が築造される（図2）。本遺跡の前方後円墳は，前述した吾妻坂古墳や，厚木市域西端の愛甲台上に所在する同時期の前方後円墳である，墳丘全長65mのホウダイヤマ古墳，72mの地頭山古墳，推定80〜90mの愛甲大塚古墳に比べ小規模である。埋葬施設および副葬品は不明ではあるが，被葬者はこれらの下位に位置し，支流域程度の小支配領域を有した小地域首長と理解するのが妥当なのではないか。いずれにせよ，前方後円墳という，荻野川流域に勢力をもつ古墳時代前期〜中期の新たな首長墓と神奈川県下では事例の少ない方墳の発見は，相模川流域における首長墓系譜・勢力図にとどまらず，古墳時代におけ

る地域社会構造と，その展開過程を考えていくうえで重要な意味をもつといえよう。

しかしながら，荻野川流域では現時点で同時期の居住域が確認されていないことや，今回の調査区のさらに北側にも墓域が展開する可能性が想定されることも含め，当該地域における古墳時代の実態については不明な点が多い。そのため今後は，本遺跡の調査・整理作業を進めながら発掘調査成果の蓄積を待ち，当該地域における古墳時代社会の復元を試みたいと考えている。　　　　（小林）

引用・参考文献

遠藤秀樹「相模川流域における古墳の展開」『専修史学』15，専修大学歴史学会，1983

厚木市『厚木市史』古代資料編（2），1998

厚木市教育委員会『厚木の古墳（厚木市における古墳の分布調査）』厚木市文化財報告書38，1998

厚木市教育委員会『吾妻坂古墳―出土資料調査報告―』2004

柏木善治『第1回ようこそ考古学　神奈川の古墳』財団法人かながわ考古学財団，2007

公益財団法人かながわ考古学財団『及川伊勢宮遺跡　遺跡見学会資料』2023

挿図出典

図1：公益財団法人かながわ考古学財団『及川伊勢宮遺跡　遺跡見学会資料』2023を一部改変

図2：筆者作成

前方後円墳を含む4基の古墳が確認された

神奈川県
及川伊勢宮遺跡

構成／宮井　香・小林友佳

眼下に荻野川が流れ，遠方に大山を望む及川伊勢宮遺跡。荻野川流域で初めての前方後円墳が発見され，墳丘と周溝のすべてを発掘調査した。全長は37mで，荻野川に優美な墳丘側面を見せる。古墳時代前期後半〜中期初頭に築造された古墳と推定される。墳丘は中世，近世に塚として転用され，主体部は検出されなかった。

1号墳全景（南東後方部から）
後円部は整った円形で前方部はや
や細身であるという印象を受ける。

遺跡遠景（南東から）
現在の荻野川と遠方に大山を望む。

1号墳墳丘たちわり土層断面

1号墳周溝くびれ部土層断面

神奈川県
及川伊勢宮遺跡

2号墳（方墳）

方形の周溝2辺が発見されている。墳丘
は，大半が失われた状態で検出された。

2号墳周溝土層断面

2号墳遺物出土状況・小型丸底壺

2号遺物出土状況・小型丸底壺

丘江遺跡近景 （南から）
流路埋没後の湿地を埋め立てて，中世の水田が開発された。
→が，金箔が押された木製塔婆の出土地点。上が1号，下が2・3号（撮影時未調査）。

中世の「金箔が押された木製塔婆」が出土
新潟県丘江遺跡

構成／土橋由理子
写真提供／（公財）新潟県埋蔵文化財調査事業団

遺跡は南側が鎌倉〜室町時代の中世集落，北側が水田域である。畦畔から出土した金箔が押された木製塔婆は，金箔が用いられたものとしては金沢市千田北遺跡に次いで全国2例目となる。塔婆は13世紀中頃には石製が主流となるが，丘江遺跡例はその前駆的位置づけとも考えられ，塔婆や葬送研究の上で重要な事例と言える。

金箔が押された
木製塔婆1号の出土状況 （上）
畦畔盛土中から，文字のある面を下にした状態で出土した。

金箔が押された木製塔婆
2・3号の出土状況 （下）
埋没流路を東西に横断する形で杭列が検出され，杭列の範囲から金箔が押された木製塔婆2・3号が出土した。1号同様，文字・文様のある面を下にした状態で出土した。

新潟県丘江遺跡

1号（現存長123cm）　　2号（現存長135.5cm）　　3号（現存長38.8cm）

金箔が押された木製塔婆（縮尺不同）

金箔が押された木製塔婆

新潟県柏崎市丘江遺跡

土橋由理子
公益財団法人新潟県埋蔵文化財調査事業団

1　丘江遺跡の概要

　丘江遺跡は柏崎平野の南西部に位置し，海岸線から約3km内陸に入った鯖石川左岸の沖積微高地に立地する。国道8号柏崎バイパス事業に伴い，南北約750mの範囲について2014年度から調査を継続している。これまでの調査で遺跡の南側が鎌倉～室町時代の中世集落（居住域），北側が水田域（生産域）であることが明らかになっている。

　集落は14世紀後半を中心に，13世紀後半から15世紀後半まで継続する。区画溝で囲まれた屋敷地では漆塗り舌長鐙，青白磁梅瓶，天目茶碗などの茶道具や硯・筆などが出土したことから，茶の湯を嗜むことができる有力者・識字者が居住していたと考えられる。このほか，五輪塔・宝篋印塔，数珠玉なども出土しており，当時の信仰・葬送儀礼の一端を窺い知ることができる。水田は上層（安土桃山），中層（室町），下層（鎌倉～室町）を検出した。

　水田域の中世面の下には弥生時代以降の流路が埋没しており，流路跡の湿地を埋め立てて水田が造成されている。このため地盤が軟弱な部分には，粗朶を敷いて畦畔の沈み込みを防止している。「金箔が押された木製塔婆」は，鎌倉時代から室町時代の畦畔盛土や土留めとみられる杭列の範囲から3点出土した。塔婆は葬具であったものが，畦畔材として再利用されていたと考えられる。

　現在報告書刊行に向けて整理作業を継続中であるので，本稿の記載内容は現時点での認識であり，最終的に変更される可能性があることをお断りしておく。

2　金箔が押された木製塔婆

　1号　畦畔の中に種子（梵字）が書かれている面を下にした状態で埋まっているのが発見された。左下欠損部に接合する小破片が出土したほかは，組み合わせになるような部材は出土していない。

　上下および左側縁を欠損し，現存する法量は長さ123cm，幅19cm，厚さ2.3cm。材質はスギの柾目材。文様配置から，本来は幅21cm程度の板だったと推定できる。文様は中央に阿弥陀如来を示す種子「キリーク」，その上下には天蓋・瓔珞（垂れ飾り）と蓮台が金箔押しで描かれる。文様のない下半部および裏面にはチョウナ痕を確認できる。上端は三角形を呈するが，意図的なものではなく欠損による偶然の形状であ

図1　丘江遺跡位置図

る。上端から約6cm下には，縦5mm，横4mmの楕円形の釘孔が1つ残されている。放射性炭素年代測定は，12世紀中頃から13世紀中頃という結果を得た。

　2号　塔婆1号が出土した畦畔と同じ遺構面で検出された杭列の範囲において出土した。塔婆1号と同様に種子が書かれている面を下にした状態だった。2点の破片が上下に接合したほかは，組み合わせになるような部材は出土していない。

　上下および右側縁を欠損し，現存する法量は長さ135.5cm，幅18.3cm，厚さ1.8cmである。材質はスギの柾目材。文様配置から，本来は幅35cm程度だったと考えられる。板材成形のためのチョウナ痕などは表面が劣化しており確認できない。上端は三角形を呈するが，意図的なものではなく欠損による偶然の形状である。上端から約8cm下の中央には，楕円形の孔が1つ残されているが人為的なものなのかは不明である。塔婆表面の腐食が進んでいるため文様のすべてが残っているわけではないが，塔婆1号と同様に上下を界線で区切り，この中に天蓋・瓔珞・種子・

蓮台を描いていたと推定される。現存するのは種子・蓮台・下の界線のみである。彫刻・線刻された文様の上に，漆を接着剤として金箔が押される。現状では金箔の大部分は失われ，ルーペで見て金粒をわずかに確認できる程度である。

種子は，阿弥陀如来を示す「キリーク」が薬研彫で彫りこまれる。塔婆1号よりも彫りが深く鮮明である。塔婆の右側縁欠損のためイ点（中央の垂直な点画）から右半分を欠損する。ラ点（左下の点画）の跳ねは左上に向かって刃物で長く線が引かれる。蓮台は反花と受花からなり，薬研彫で表現されている。意匠は塔婆1号とほぼ同様であるが，受花の花びらの間に菱形文が充填されている点で異なる。菱形を繋ぐように塔婆1号で見られた扇状の文様が描かれている。下の界線は蓮台の下端から約7.5cmのところに横方向に引かれている。

3号 杭列の範囲，塔婆2号の末端に近接して出土した。

材質はスギの板目材。現存する法量は長さ38.8cm，幅8.0cm，厚さ3.2cmである。板材成形のためのチョウナ痕などは表面が劣化しており確認できない。残存するのは，頭部から塔身部上部にかけての右側である。頭部右側面を欠損するが，頂部上端と羽刻みの根本の刻みが旧状を留めている。

碑面には天蓋と瓔珞が残る。天蓋は薬研彫で頂部に装飾がある反り屋根が描かれており，この部分をルーペで見ると金粒を確認できる。瓔珞は漆が厚く塗られているため彫刻の有無は判然としない。瓔珞下端にはやや大きめの三角形の飾りが付く。この三角形は種子「キリーク」のア点（右上の点画）上半部の可能性も考えたが，瓔珞の一部と解釈しておく。

残存部分が少ないので断定はできないが，木取りが板目である点，扇状の意匠が見られない点，頭部を立体的に仕上げる点において塔婆1・2号とは異質な印象を受ける。

3　丘江遺跡「金箔が押された木製塔婆」発見の意義

①金箔が押された木製塔婆の例としては金沢市千田北遺跡があり，木製笠塔婆の種子に金箔が押されている。丘江遺跡の塔婆は，金箔が用いられたものとしては千田北遺跡に次いで全国で2例目となる。

②種子に金箔を用いるという中央の先進的な文化や技術を複合的に取り入れることのできた有力者が，当時の柏崎地域にいたことを窺い知ることができる。

③平安時代から鎌倉時代に遡る大型木製塔婆の出土事例はこれまで全国的に見ても自立するタイプのみだったが，釘孔の存在から何かに打ち付けて用いるように，用途のうえで多様化の様相を見せはじめていることがわかる。

④塔婆は13世紀中頃には石製が主流となるが，12世紀中頃から13世紀中頃に作られた丘江遺跡の塔婆

図2　金箔が押された木製塔婆1号の推定復元図

はその前駆的位置づけとも考えられ，塔婆や葬送研究の上で重要な事例と言える。

4　資料の公開

保存処理済みの「金箔が押された木製塔婆」1〜3号を新潟県埋蔵文化財センター（所在地：新潟市秋葉区金津93番地1）で公開する予定である。期間は2024年1月12日（金曜日）から3月20日（水曜日・祝日）まで。資料の性格上，今後公開する機会は少ないと思うので是非お越し願いたい。

謝辞　金箔が押された木製塔婆の名称決定・観察・図化に当たり，狭川真一（大阪大谷大学），水澤幸一，向井裕知（金沢市），前嶋　敏（新潟県立歴史博物館），伊藤啓雄（柏崎市教育委員会），村山卓（公益財団法人埼玉県埋蔵文化財調査事業団）からご指導いただいた。記して感謝申し上げる。

弥生時代開始前夜
—渡来人論の今—

徳島大学
端 野 晋 平
（はしの・しんぺい）

日本列島における水稲農耕の開始に関与したとされる渡来人は，どこから，どこへ，いつ，どのように，そしてなぜやってきたのか。渡来人論の到達点を明らかにする

日本列島の水稲農耕は，縄文時代終末に朝鮮半島南部から導入され，それからしばらく時を経て，弥生文化が成立する。今日の考古学・自然人類学双方の研究成果を総合すると，この農耕伝播の背景に，朝鮮半島からの渡来人の関与を想定して間違いないであろう。こうした言説の形成に，大きく寄与したのが，金関丈夫の渡来説である。金関は，発掘された弥生人骨をもとに，北部九州弥生人が縄文人とは異なる高顔・高身長という特徴をもつこと，弥生人でも北部九州人と南部九州人の間で，頭蓋形態と身長に違いがあることを明らかにした。それと考古学研究の成果をふまえ，渡来の時期・あり方，渡来人の故地，到着地，性構成などを考察した[1]。金関説が，その後の考古学・自然人類学の両学界に与えた影響力の大きさは計り知れない。両学界における渡来説，あるいは日本人起源論は，その内容に大なり小なりの差異が認められるとはいえ，この研究を土台に，補強・修正や新たな論点を加えたものであり，おおむね延長線上に位置するものとしてとらえてよいであろう。人の形質に関していえば，ミトコンドリアDNAに代わって近年，主流となっている核ゲノム分析[2]によっても，金関説を支持する結果が得られている。

一口に渡来人論といっても，それを構成する論点は多岐にわたる。本稿では，「渡来人の故地」，「渡来人の到着地」，「渡来の時期」，「渡来人の数量」，「渡来人の居住形態・性・世代構成」，「文化変化のあり方」，「渡来のメカニズム」の7項目について，1980年代以降の考古学研究の成果を中心に整理し，現在の到達点を明らかにする。なお，本稿で用いる日本列島の北部九州と朝鮮半島南部の時期区分は，図1のとおりである。

1 渡来人の故地

金関は，渡来人の故地を朝鮮半島南部現代人の

朝鮮半島南部			日本列島		
嶺南西部			九州北部		
無文土器時代	早期	渼沙里式	縄文時代	晩期	広田式
	前期	可楽里式			黒川式
		駅三洞式			山ノ寺・夜臼I式
	中期	休岩里式			夜臼II式
		松菊里式	弥生時代	前期	板付I式 a b
	後期	水石里式			板付II式 b c
		勒島式		中期	城ノ越式

図1 無文土器文化編年と縄文・弥生土器編年の併行関係

身長や朝鮮半島北部新石器時代人の頭骨の特徴から，朝鮮半島とみた。この想定はのちに，現代人に対する遺伝学的研究や東アジアでの古人骨資料の蓄積，とくに韓国・慶尚南道礼安里古墳群人骨の研究[3]によって，より蓋然性を増すこととなった。後述するように，渡来は山ノ寺・夜臼I式期に最も多かった可能性が高い。朝鮮半島南部の時期区分で，この時期に併行するのは無文土器中期の休岩里式期である。現在でもこの時期の人骨資料は多くなく，集団比較が可能な資料の発見が待たれる。

金関説以降，1980年代を経て，考古学界では，水稲農耕の伝播ルートの関係から，渡来人の故地を朝鮮半島南部とみなす考えが定着していた。しかし，半島南部のなかでさらに追及する動きは，1990年代に入ってからであった。とくに2000年代以降は，さらに大規模開発にともない資料が蓄積し，半島南部各地での物質文化の編年・文化研究が進展した。そして，こうしたことを背景に，さまざまな物質文化にもとづいて，半島・列島間の交流を論じる研究も提出されるようになった。

筆者は，支石墓，松菊里型住居，丹塗磨研壺，

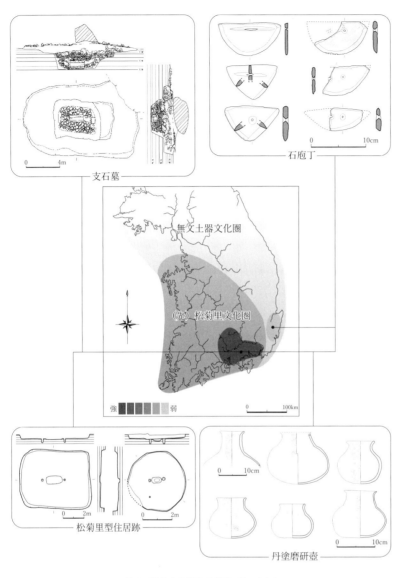

石庖丁

支石墓

無文土器文化圏

（先）松菊里文化圏

強 ▮▮▮▮▮ 弱　　0　　　100km

松菊里型住居跡

丹塗磨研壺

図2　渡来人の故地の推定（註4より）

の差異の説明には，朝鮮半島からの少数の渡来が想定しうるから，南江流域・洛東江下流域を，渡来人の故地の候補地にあげてよいであろう[4]。なお，ここでの渡来人の故地とは，後述する渡来の時期でいえば，半島からのインパクトが最も強い山ノ寺・夜臼I式期での候補地ということになる。

2　渡来人の到着地

　無文土器文化に由来する各種の文化要素と人の渡来的形質の分布状況をふまえると，渡来は北部九州中心に行われたとみられる[5]。1990年代以降は，北部九州のなかでもさらに細かく到着地が言及されるようになった。家根祥多は，「無文土器」とみなした甕の存在と比率にもとづき，北部九州でも唐津平野・糸島平野周辺の地域を渡来地とみた。また，後述するように，糸島平野に所在する石崎曲り田遺跡をまず渡来人が到着した集落跡ともみている[6]。いっぽう，無文土器の「粗製大型壺」の分布にもとづき，渡来の中心を唐津平野周辺とみる見解[7]も提出されている。糸島か唐津かで意見が分かれているが，とにかく無文土器的要素が両平野に濃いことは間違いない[8]。

　北部九州以外の地域への渡来を認める見解も提出されている。一つ目は，支石墓研究の脈絡からで，長崎県域に分布する支石墓が伝播した背景に，半島からの渡来を想定する意見も根強い。しかし，この場合，i）弥生時代前期〜中期人骨は縄文人的形質を色濃く残し，高顔・高身長の北部九州・山口弥生人とは区別しうる[9]，ii）朝鮮半島からの搬入品，あるいは無文土器文化の規範だ

石庖丁といった物質文化を対象に，この課題に取り組んだ。こうした物質文化を選択した理由は，これらが半島南部のなかで，資料の蓄積が十分であり，かつ地域性が比較的明瞭であると予想されたからである。研究成果を総合すると，半島・列島各地域間の関係性は，南江流域・洛東江下流域と玄界灘沿岸地域との間に密に形成されており，その周辺にいくにつれ薄まっていくというグラデーション構造をなしているというように理解される（図2）。ここでの関係性は，言うまでもなく，交流の「濃淡」として把握されるものであり，人の移動を直接，指し示すものではない。しかし，後述するように，縄文・弥生間の人の形質

けで製作された在地品と積極的にみなせる遺物はない，という点に対し，どう答えるのかが問題となる。ⅰ）は，人の遺伝情報に関する事実であり，渡来を議論するに際して，最も深く考慮すべきものである。この地域の支石墓が，渡来によりもたらされたのであれば，この地域にも渡来的弥生人が形成されたとしてもおかしくないが，現実はそうではない。支石墓伝播の背景には，必ずしも半島からの渡来を想定する必要はなく，交易・婚姻などの通常の情報伝達手段によっても，伝播しうるものと考える。ⅱ）は考古資料に関するもので，少量ながらも該当品が出土する玄界灘沿岸地域の状況と異なる点は，もっと注意されてよいであろう。

二つ目は，南九州や中・四国地方への直接的な渡来や文化的影響を想定する意見である。これは時期によって，板付Ⅰb式〜Ⅱa式併行期のもの[10]と，黒川式併行期以前のもの[11]とに分けられる。前者は石器あるいは墓制，副葬品による論であるが，半島の土器編年，それと列島の土器編年との併行関係などにおいて，解決すべき問題は多い。後者は二重口縁土器，孔列土器により，山陰や南九州などへの直接的な交流を主張するものである。たとえこれを認めたとしても，その後の弥生文化の成立につながったわけではないことは注意されよう。

3　渡来の時期

金関は，渡来の時期を縄文時代晩期とみた。これは，津雲貝塚縄文後晩期人と土井ヶ浜弥生前期人の間に，形質上の大きな変化を認めたからであった。1980年代以降，水稲農耕受容論や弥生時代開始論のなかで，渡来の時期についての議論が進むこととなった。福岡県板付遺跡，佐賀県菜畑遺跡などの調査成果により，北部九州では，水稲農耕が山ノ寺・夜臼Ⅰ式期から開始していることが明らかとなった。そして，その時期よりも前から，水稲農耕の起源地である朝鮮半島からの渡来を認める意見がいくつか提出された。橋口達也は，円盤状土製品を紡錘車とみて，御領式期から夜臼式期とみた[12]。田中良之は，土器にみられる孔列文と外傾接合手法にもとづいて，黒川式期から夜臼式期とみて[13]，橋口が主張する御領式期での渡来については，疑問を呈した[14]。家根は，孔列の存在により黒川式期からの渡来を認める田

中の見解を認めず，無文土器の製作技法と器種のセットの存在にもとづいて，夜臼式期を中心とした1回限りとみた[15]。その後，半島南部の無文土器編年を行った家根は，それにもとづいて渡来の時期を再論し，やはり，「山ノ寺式期」（夜臼式期の前半）に併行する無文土器編年の「休岩里式」「館山里式」の段階（無文土器中期前半）に移住を認めた。さらに，それに後続する「古南里式」「松菊里式」（無文土器中期後半）にも若干の移住を想定した[16]。

その後も，列島の孔列土器については，さらに詳細な検討が推し進められ，やはり朝鮮半島の無文土器文化に系譜を求めたうえで，黒川式期からの列島・半島間の交流が議論されている[17]。福岡県貫川遺跡の石庖丁を，黒川式期に位置づけ，前期無文土器文化に由来するものとみる意見も提出された[18]。また，土器の色調変化にもとづいて，黒川式期から無文土器文化との接触を認める見解[19]も提出されている。その一方で，黒川式期からの文化的影響あるいは交流に対し，否定的な意見[20]もある。

夜臼式期（山ノ寺・夜臼Ⅰ式期〜夜臼Ⅱ式期）の渡来は，いずれの研究者も認めるところである。とくに評価が分かれるのは黒川式期で，近年は渡来だけでなく，交流をも認めない意見が提出されている。しかし，土器の孔列文の場合，列島・半島の沿岸部に，同様の文様が同時期に存在することとなり，単なる偶然の一致としては片づけられないであろう。そして，後の時期の文化変化と人の形質変化の双方を考えるならば，黒川式期における無文土器文化系要素の存在を軽視すべきではないであろう。

4　渡来人の数量

金関は，渡来的形質が，古墳時代になると在来の形質のなかに拡散・吸収されたとみて，渡来人の数量を少数と考えた。しかし，これは後に，古墳時代になっても九州では，弥生時代と同様の地域性が継続していることが判明し，その論拠を失った。ただ，金関説以降の考古学研究者による見解もまた，在来人に対して，少数の渡来人を想定することでおおむね一致している。後述するように，渡来人はコロニーをつくらず，一つの集落で在来人と共住したものと考えられる。この想定をふまえ，集落内における在来人と渡来人の具体

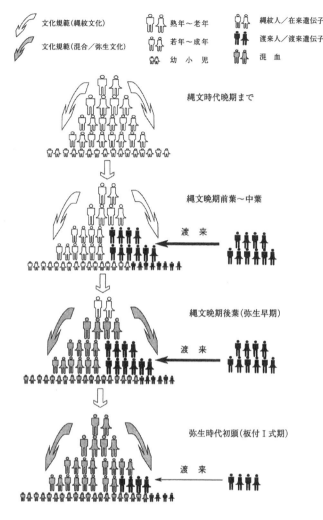

凡例:
文化規範（縄紋文化）
文化規範（混合／弥生文化）

熟年～老年
若年～成年
幼小児

縄紋人／在来遺伝子
渡来人／渡来遺伝子
混血

縄文時代晩期まで

縄文晩期前葉～中葉
渡来

縄文晩期後葉（弥生早期）
渡来

弥生時代初頭（板付Ⅰ式期）
渡来

図3　田中良之の渡来モデル（註5田中・小澤2001より）

的な比率を示したのは，田中[21]，家根[22]，橋口[23]である。田中は後述するモデルによる推定，いっぽうの家根は，遺跡における「無文土器」の比率による推定である。推定に用いた論拠自体に違いがあることは注意しなければならないが，結果として，集落における渡来人の比率は両者ともに20～40％に収まる。後述するように，両者の見解は対立的にとらえられがちであるが，実はその差は大きくない。理論的に算出した数字と，遺物から導いた数字とが近いことは，非常に興味深い。家根の推定には，福岡県曲り田遺跡出土土器が対象に含まれているが，報告者の橋口達也は，家根にくらべ，無文土器の数量により渡来人の数量を全体の1％弱ときわめて少なく見積もっている。これは，家根が指摘した無文土器系甕が，推定の論

拠から欠落しているからであり[24]，このことを正しく認識しておく必要があろう。

　先述のとおり，渡来の時期には，黒川式期から夜臼Ⅱ式期という幅が見込まれる。考古学的事象からみて，この時期幅を通して，渡来人の数量が不変であったとは考えにくい。黒川式期の渡来あるいは交流は，土器の孔列文や貫川遺跡の石庖丁が示唆するものであるが，これらは無文土器文化の一部だけが断片的に，あるいは試行的に受容されたといえるものである。これに対し，山ノ寺・夜臼Ⅰ式期には，無文土器由来の器種・製作技法に加え，水田，大陸系磨製石器類，支石墓などの墓制といった無文土器文化に由来する各種の物質文化が出現する。黒川式期から渡来があったとすれば，次の山ノ寺・夜臼Ⅰ式期にその規模が大きくなったとみてよいであろう。つづく夜臼Ⅱ式期の無文土器文化系要素として，松菊里系土器，福岡県雀居遺跡の半島製丹塗磨研壺[25]，福岡県雑餉隈遺跡，福岡県田久松ヶ浦遺跡，福岡県寺福童遺跡などの墓に副葬された磨製石剣・石鏃などがある。これらはこの時期の渡来あるいは交流の可能性を示唆するものではあるが，前時期とくらべると，少数にとどまり，渡来があったとしても，その規模は小さくなったものとみられる。

　ところで，渡来人が少数であったとすると，弥生時代前期末以降にみられる高顔・高身長の弥生人が形成しうるのかという問題が生じる。しかし，人口学的・集団遺伝学的観点からのシミュレーションによって，人口増加率の設定次第では成立しうることが示されている[26]。また，もともと在来人口が少なかった北部九州への，小規模で散発的な渡来が継続することで，文化が連続するとともに，渡来的弥生人も形成されるというモデルが提出されている[27]（図3）。このモデルは，現在までの考古学・自然人類学双方の研究成果を総括したものとして，高く評価できる。

5　渡来人の居住形態・性・世代構成

渡来がどのように居住し，在来人とどのような関係を取り結んだかについては，自然人類学では明らかにできず，考古学の得意とするところである。渡来人のコロニー，すなわち無文土器文化の遺構・遺物からなる遺跡が発見されていないことから，同一集落に渡来人と在来人とが共住したとみられる[28]。そして，実用品として無文土器文化の磨製石鏃が導入されていないこと[29]から，渡来は平和裏に在来の社会に受容されるかたちで行われたと考えられる[30]。さらに，渡来人の受容と混血がスムーズに進行した背景に，渡来人・在来人ともに双系的親族関係にあったことを指摘する意見もある[31]。

家根は，北部九州の遺跡をとりあげ，さらに具体的な渡来のあり方とその影響について言及した。「無文土器」の比率，遺跡の立地・開始時期にもとづいて，渡来人と縄文人とが水稲農耕を開始することで成立した集落（石崎曲り田遺跡）と，そうした集落の影響によって，旧来の縄文集落が水稲農耕を開始した集落（菜畑遺跡）とを区別した。福岡平野については，「無文土器」がきわめて少ないことや，多くの遺跡が糸島・唐津よりも遅れて始まるか，大きくなることから，渡来人との共業を通じて最初に水稲農耕が導入された地域ではなく，やや遅れて西からそれが波及したものととらえた[32]。

渡来人の性構成について金関は，ほとんどが男性であったと考えた。これは人骨の形質から導いたものではなく，女性による製作とみられる土器が縄文時代から弥生時代へと連続するという考古学研究を受けた解釈であった。しかし石器だけでなく，土器においても渡来的要素は含まれることから，渡来人は男女で構成されたとみてよいであろう[33]。

渡来人の世代構成まで言及したのは，田中良之だけである。田中は，移住にあたっての負担を考慮して，子どもや老人を除いた若年（12〜20歳）〜成年層（20〜40歳）を中心とした構成であった可能性が高いとした[34]。この世代構成は，性構成とともに，文化と形質の変化を考えるにあたって，重要な要素であり，先述の渡来モデルにも組み込まれている。

6　文化変化のあり方

金関説に対する考古学研究者の反応は，朝鮮半島からの渡来，あるいは文化的影響を認めつつも，縄文時代から弥生時代への文化の連続性を主張するものであった[35]。こうした流れのなか，1980〜90年代にかけて，弥生時代の開始にあたって，渡来人と縄文人のいずれに主体性があったのかという，いわゆる「主体性論争」が巻き起こった。この論争について筆者は，田中[36]と，それに対する家根[37]からの批判をとりあげて，詳しく検討したことがある。その結論は，両者の間で把握された考古学的事実自体にさほどの違いはなく，対立は文化変化においてのプロセスを評価するのか，あるいは結果を評価するのかに起因するというものであった[38]。当該期の文化変化に関する田中の理解は，在来文化優勢（黒川式期）―在来・外来文化の拮抗―外来文化優勢（夜臼式期）というプロセスを経たというものである。いっぽう家根は，考古学的事実として田中とほぼ同じものをみながらも，このプロセスの最後の部分（結果）を評価しているように思われる。

1980年代後半に北部九州の研究者によって提出された「縄文人（在来人）主体説」に対し，一部の研究者がナショナリズムに通じると，敏感に反応したように[39]，誤解を招きかねない表現がうかがえるのも確かである。しかし，こうした主張がなされた背景に，自然人類学から提出された大量渡来説があったことを忘れてはならない[40]。

筆者は，田中の土器様式構造論的研究に倣いつつ，文化構造の変動を検討したことがある[41]。その結果は以下のように要約される。

i ）在来要素優勢（黒川式期）→在来・外来要素拮抗／外来要素優勢（山ノ寺・夜臼Ⅰ式期〜夜臼Ⅱ式期）→列島独自要素優勢（板付Ⅰ式期），というプロセスを経て，文化システムは移行する。

ii ）黒川式期における無文土器文化の受容は，孔列土器のように，ごく一部にとどまり，しかも一文化要素内で在来要素と融合するかたちで存在している。

iii）外来文化優勢となる山ノ寺・夜臼Ⅰ式期であっても，外来文化（無文土器文化）の全セットが導入されたわけではなく，欠落したり，変容したりしている。

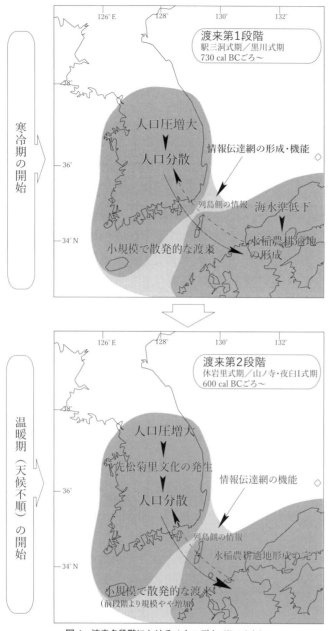

変動論と家根が追究した製作技法論をさらに発展させた研究[43]も示されている。レプリカ法による栽培穀物の研究成果により，縄文晩期突帯文期からイネ・アワ・キビといった穀物の存在が知られるようになったことも大きい。現状でイネ・アワは突帯文出現期，キビは山ノ寺・夜臼I式期までさかのぼる[44]。いっぽうの朝鮮半島南部では，アワ・キビの栽培は櫛目文土器（新石器）中期以降，普及したとされ，イネ圧痕の検出例については，無文土器早期までさかのぼる[45]。今後，こうした穀物の列島での出現がどこまでさかのぼるかが注目されよう。

「主体性論争」のなかでも大きくとりあげられた，福岡県新町遺跡9号人骨の評価をめぐっても変化がある。支石墓で発見された，この人骨は低顔・低身長の縄文的形質を有するとされ[46]，在来人主体説のよりどころとされたこともあった[47]。しかし，眼窩においては必ずしも縄文的ではなく，渡来人的であるという指摘[48]がかなり前からあった。最近では，明瞭な低顔性を示すわけではなく，その形質は渡来的弥生人の範疇でとらえられるという意見[49]までも提出されている。こうしたことをふまえると，9号人骨の時期である板付I式期には，在来人と渡来人の混血がすでに進んでいた可能性が考えられる。

図4　渡来各段階におけるメカニズム（註4より）

i）は，在来文化が外来文化に急激に取って代わられたわけではなく，段階的に移行するということ，ii）iii）は，外来要素の受容に際して，在来文化の規範が選択性として機能したことを意味している。

2000年代以降，文化の受容，変化の実態解明を深く追究した研究が進んでいる。弥生土器の焼成法が，黒斑観察と焼成実験などを通じて，覆い型野焼きであることが解明されたこと[42]は，大きな成果の一つである。また，田中が示した様式構造

7　渡来のメカニズム

渡来の動機については，考古学研究者によるものとして，古くは，燕の東胡侵攻にともなう朝鮮半島内での民族移動の余波という見解[50]があった。しかしこの見解は，その後の東北アジア青銅器の研究が進展したことによって，年代的に乖離をきたしており，成立しなくなった。1990年代以降は，弥生時代の開始時期を春秋・戦国時代に併行させる見解が定着し，この時代に中国大陸各地で

起こった戦乱に端を発する青銅器文化の波及があげられるようになった[51]。さらに，中国大陸での動乱の要因として，気候の寒冷化も注目されてきた[52]。2000年代以降，考古学研究の成果と気候変動データとの対比を行うことで，東北アジア各地における農耕化を段階的にとらえた学説が提出されている[53]。筆者は先行研究をふまえ，列島で水稲農耕が導入される過程を，以下の二段階に分けてとらえた。

渡来第1段階：土器の孔列文や貫川石庖丁などが半島南部との交流と渡来人の存在を暗示する黒川式期／駅三洞式期。

渡来第2段階：水田をはじめ，農耕具，各種の工具，磨製石鏃・石剣，壺・甕形土器，松菊里型住居，支石墓などのさまざまな文化要素が体系的に出現し，水稲農耕が本格化する山ノ寺・夜臼Ⅰ式期／休岩里式期。

　そして，風成砂丘の形成から知られる寒冷期[54]と，炭素14年代の較正曲線から読み取れる寒冷期との対比させたうえで，半島から列島への渡来のメカニズムを予察した[55]（図4）。それは，第1段階の要因を，寒冷化にともなう生産力の低下，第2段階の要因を，温暖化（天候不順）にともなう洪水の頻発に求め，第2段階の渡来や交流の活発化の背景に，第1段階に列島・半島間に形成された人間関係のネットワークの機能を積極的に評価したものであった。従来の研究では，「寒冷化」あるいは「気候の悪化」を要因とみていたが，このモデルではさらに一歩踏み込んで，気候転換期に発生した天候不順を要因に組み込んでいる。実際に，渡来人の故地候補の一つである南江流域の遺跡では，洪水砂によって居住域・生産域などが埋没している。そして，渡来はボートピープルのような性格のものではなく，既存のネットワークを駆使した目的的なものであったとした点に，このモデルの特徴がある。今後，各方面からの検証が望まれる。

8　おわりに―ふたたび望まれる学際融合―

　以上，1980年代以降を中心に，渡来論の諸項目に関する考古学的成果の到達点を概観した。各項目において，確実な前進がみられ，それぞれの脈絡で，新たな課題が浮き彫りになった状況のように思う。そうしたなか，気がかりなことがある。それは，弥生時代開始論を扱った考古学の論文で

も，金関説をはじめ，自然人類学界の学説を目にすることがきわめて少なくなっていることである。いっぽうの自然人類学界でも，考古学の学説に対して，同様の状況ではないであろうか。今日でも自然人類学界で強い影響力をもち続けている埴原和郎の二重構造モデル[56]が，日本人起源論の脈絡で大きな貢献を果たしてきたのは間違いない。しかし，その渡来像は考古学の研究成果からは大きく乖離しており，発表以前に，自然人類学界ですでに「考古学離れ」がかなり進んでいたことを思わせる。1969年，九学会連合から考古学が抜けたことは，両学界の関係性を象徴する出来事であったのだろう。もとより，こうした状況の継続は，考古学・自然人類学両学界にとって，好ましいことではない。今後，二つの学問領域の歩み寄りによって，渡来説はさらなる高みにかけあがることができるものと信じている。

註

1)　金関丈夫「人種の問題」『日本考古学講座4』河出書房，1955，pp.238-252。金関丈夫「弥生時代人」『日本の考古学Ⅲ』河出書房，1966，pp.460-471。金関丈夫「人種論」『新版考古学講座10』雄山閣出版，1971，pp.183-200

2)　藤尾慎一郎・篠田謙一「ゲノムからみた弥生人の多様性」『令和4年度九州考古学会総会研究発表資料集』九州考古学会，2022，pp.26-35

3)　金　鎮晶・小片丘彦・峰　和治・竹中正巳・佐熊正史・徐　姶男「金海禮安里古墳群出土人骨（Ⅱ）」『金海禮安里古墳群Ⅱ』釜山大学校博物館，1993，pp.281-334

4)　端野晋平『初期稲作文化と渡来人』すいれん舎，2018

5)　田中良之「いわゆる渡来説の再検討」『日本における初期弥生文化の成立』文献出版，1991，pp.482-505。田中良之・小澤佳憲「渡来人をめぐる諸問題」『弥生時代における九州・韓半島交流史の研究』九州大学大学院比較社会文化研究院基層構造講座，2001，pp.3-27

6)　家根祥多「遠賀川式土器の成立をめぐって―西日本における農耕社会の成立―」『論苑考古学』天山舎，1993，pp.267-329

7)　宮地聡一郎『西日本縄文時代晩期の土器型式圏と遺跡群』雄山閣，2022

8)　小南裕一「縄文・弥生移行期における土器製作技術の転換―北部九州沿岸地域を対象として―」『駿台史学』150，2014，pp.55-78。三阪一徳『土器製作技術からみた稲作受容期の東北アジア』

九州大学出版会，2022

9）　内藤芳篤「西北九州出土の弥生時代人骨」『人類学雑誌』3，1971，pp.236-248

10）　出原恵三『南国土佐から問う弥生時代像・田村遺跡』新泉社，2009。中村大介『弥生文化形成と東アジア社会』塙書房，2012

11）　岡田憲一・千　羨幸「二重口縁土器と孔列土器」『古文化談叢』55，2006，pp.1-46。千　羨幸「西日本の孔列土器」『日本考古学』25，2008，pp.1-22

12）　橋口達也「日本における稲作の開始と発展」『石崎曲り田遺跡』福岡県教育委員会，1985，pp.5-103

13）　田中良之「縄文土器と弥生土器 1.西日本」『弥生文化の研究3』雄山閣出版，1986，pp.115-125

14）　前掲註5田中1991に同じ

15）　前掲註6に同じ

16）　家根祥多「朝鮮無文土器から弥生土器へ」『立命館大学考古学論集I』立命館大学考古学論集刊行会，1997，pp.39-64

17）　片岡宏二『弥生時代渡来人と土器・青銅器』雄山閣出版，1999。松本直子『認知考古学の理論と実践的研究―縄文から弥生への社会・文化変化のプロセス―』九州大学出版会，2000。前掲註11千2008ほか

18）　前田義人・武末純一「北九州市貫川遺跡の縄文晩期の石庖丁」『九州文化史研究所紀要』39，1994，pp.65-90

19）　前掲註17松本2000に同じ

20）　前掲註7に同じ

21）　前掲註5田中・小澤2001に同じ

22）　前掲註6に同じ

23）　橋口達也「墓制の変化（一）北部九州―支石墓と大形甕棺の登場」『弥生文化の成立　大変革の主体は「縄文人」だった』角川書店，1995，pp.70-80

24）　前掲註7に同じ

25）　端野晋平「板付I式成立前後の壺形土器―分類と編年の検討―」『考古学は科学か 田中良之先生追悼論文集』中国書店，2016，pp.325-349

26）　中橋孝博・飯塚　勝「北部九州の縄文〜弥生移行期に関する人類学的考察（2）」『Anthropological Science（Japanese Series）』2，2008，pp.131-143

27）　前掲註5田中・小澤2001に同じ

28）　春成秀爾『弥生時代のはじまり』東京大学出版会，1990

29）　下條信行「日本稲作受容期の大陸系磨製石器の展開」『九州文化史研究所紀要』1986，pp.103-140

30）　前掲註5田中1991に同じ

31）　前掲註5田中・小澤2001に同じ

32）　前掲註6に同じ

33）　前掲註5田中1991に同じ

34）　前掲註5田中・小澤2001に同じ

35）　森貞次郎「弥生文化の発展と地域性―九州―」『日本の考古学III』河出書房，1966，pp.32-80。岡崎　敬「日本における初期稲作資料―朝鮮半島との関連にふれて」『朝鮮学報』49，pp.67-87

36）　前掲註13，註5田中1991に同じ

37）　前掲註6に同じ

38）　前掲註4に同じ

39）　前掲註28，註16に同じ

40）　前掲註5田中・小澤2001に同じ

41）　前掲註4に同じ

42）　小林正史・北野博司・久世建二・小島俊彰「北部九州における縄文・弥生土器の野焼き方法の変化」『青丘学術論集』17，2000，pp.5-87

43）　前掲註8三阪2022に同じ

44）　中沢道彦「レプリカ法による土器圧痕分析からみた弥生開始期の大陸系穀物」『考古学ジャーナル』729，2019，pp.14-19

45）　中山誠二「日韓における栽培植物の起源と農耕の展開」『日韓における穀物農耕の起源』山梨県立博物館，2014，pp.391-402

46）　中橋孝博・永井昌文「福岡県志摩町新町遺跡出土の縄文・弥生移行期の人骨」『新町遺跡』志摩町教育委員会，1987，pp.87-105

47）　前掲註23に同じ

48）　前掲註5田中1991に同じ

49）　米元史織「北部九州の弥生時代人―頭蓋形質の地域性について―」『九州大学総合研究博物館研究報告』19，2021，pp.33-49。米元史織「北部九州の弥生時代人達―いわゆる渡来系形質について―」『九州大学総合研究博物館研究報告』20，2023，pp.49-73

50）　森貞次郎「弥生時代における細形銅剣の流入について」『日本民族と南方文化』平凡社，1968，pp.127-161

51）　藤尾慎一郎『弥生変革期の考古学』同成社，2003

52）　安田喜憲『日本文化の風土』朝倉書店，1992

53）　宮本一夫『農耕の起源を探る 稲の来た道』吉川弘文館，2009

54）　甲元眞之「気候変動と考古学」『文学部論叢歴史学篇』熊本大学文学部，2008，pp.1-52

55）　前掲註4に同じ

56）　埴原和郎「渡来人に席巻された古代の日本」『原日本人：弥生人と縄文人のナゾ』朝日新聞社，1993，pp.6-29

縄文世界を探る

國學院大學名誉教授
新潟県立歴史博物館名誉館長
小 林 達 雄
（こばやし・たつお）

科学少年時代

1937年11月，私が生まれたのは新潟県長岡市の四郎丸である。実家は農家で，姉2人と弟がいた。四郎丸小学校の隣で，学校の敷地は元はほぼうちの土地だった。祖父は学校用地として土地を売って，そのお金で酒を飲んで借金を残して死んでしまった。父は現金収入が少なかったので，とても苦労した。

小学校に入って岩崎富子先生に結構目を掛けてもらっていた。熱中症になっておんぶされた懐かしい思い出がある。

1945年8月1日の長岡空襲の時は，母の実家がある見附市に弟と疎開していた。刈谷田川の土手に上って，長岡のまちが焼けるのを見て，もうガタガタと震えた。向こうの空が真っ赤に焼けていて，とにかく異様な光景だった。母と姉たちは，四郎丸にいたが，無事だった。父は，召集令状（赤紙）が来て，神奈川県横須賀市にいた。悲しいことに，岩崎先生はこの空襲の時に平潟神社の防空壕で亡くなった。

小学2年生の時に終戦を迎えた。2000年に長岡市に県立歴史博物館ができて，私が館長になった時，空襲で亡くなった人の名簿を全部書き，常設展示にした。戦争の悲惨さを伝えなければいけないと思って，心を込めて手書きで，岩崎先生の名前も入れた。

小学生のころ，これは何だろう，あれは何だろうと，疑問を感じるようになって科学に興味を持って，科学者にあこがれた。5年生の時，昆虫少年になった。図鑑を見ながら昆虫をいっぱい覚えた。友達を誘って東山丘陵まで行き，里にはいないチョウチョウを探し回って捕った。

しかし，虫を殺して標本を作るのが駄目で，6年生で植物少年になった。日曜日になると胴乱（植物採集用の容器）を肩に提げて，悠久山周辺を歩き，せっせと集めた。調べて標本にした。押し花にすると，これがきれいで，ウシノソウメン，

ツルリンドウ…。当時，見つけた植物の名前はいくらでも出てくる。昆虫も植物もこの時，覚えたのはだいたい頭に入っている。

今，史跡を整備するための委員長をいくつかやっているが，そういう時に植物の専門家と対等にやり合える。こういう実のなる木を植えたほうがいいとか，木の下にはこんな山野草を植えたほうがいいとか。地べたをはい回っていた子どものころの知識は，今でも結構役立っている。

同じころ国語の教科書で考古学の存在を知り，学校の図書室で『児童百科大辞典』（全30巻，玉川学園出版部，1932～37年）に首引きになりながら，樋口清之，大場磐雄，長谷部言人らの本に目がいくようになった。

縄文土器との遭遇

1950年，長岡市立南中学1年生の夏，考古学にはっきり目覚めた。きっかけは社会科の小林三郎先生に誘われ，生徒数人と同市関原地域にある2軒の家を訪ねたことである。火焔土器を発掘した近藤篤三郎さんの家に連れていってもらった。近藤さんは亡くなっていたが，奥様の雪子さんから，近くに住む考古学者の中村孝三郎先生を紹介され

図1　3歳のころ
自宅前で祖父母・父（後ろ中央）・姉と（1940年頃）

図2　長岡高校時代
文化祭で地歴部の展示をしたときに
中村孝三郎先生と記念撮影 (右端) (1955年頃)

た。先生は近藤家と交流があり，県内の重要な遺跡を発掘した人である。石鏃を見せてもらい，考古学の話を聞いて，すっかり好きになった。

中学1年の時，火焔土器を出土した馬高遺跡（長岡市関原町）で縄文土器を初めて拾った。渦巻き文様を見て感動で震えた。そんなものに出合えるとは，思ってもいなかった。今ならテレビや博物館で見ることができるが，当時はなかなか見られなかった。思いもよらないものと出合えた喜びや感動は今の人には分からないかもしれない。

それから自転車で家から7kmくらい離れた馬高遺跡と藤橋遺跡に遠征するようになった。1人ではさみしいから，仲間を引きずり込んだ。馬高遺跡は畑だったから，歩いて地表に出ている土器の破片や石鏃・石斧を拾うことができた。

冬になると遺跡は雪の下だから，母にバス代を出してもらって近藤さんの家の蔵に行った。県内各地で採集したたくさんの土器や石器をていねいに整理して収めてあった。火焔土器の超一級品にも出合った。1日中こもってスケッチしていてもまったく飽きなかった。雪子さんからはお茶だけでなく，バス代の名目で小遣い銭までいただいたことがあった。

中学2年の時に悠久山に長岡市の科学博物館ができて，近藤家の資料が展示されるようになった。入館料もあるし，トッテツ（旧栃尾鉄道）で行くにも金がかかる。大変だったけど，しばらく通ううちに顔パスになって，大学進学で長岡を離れるまで，入り浸った。

長岡高校では地歴部だったが，考古学はあまりやっていなかった。3年生になった時，私は考古学をやろうと新入生に募集をかけた。2，3人入ったうちの1人は，全校で数人しかいなかった女子だった。そこで大いに張り切って，中村先生の発掘現場を見学に行ったりした。

初めて発掘調査に携わったのは，高校3年生の夏休み。小千谷市の三仏生（おぢや・さぶしょう）遺跡で，現場を仕切っていたのは，中村先生である。10人ぐらいの大学生が寺に泊まって作業をした。高校生は私一人。初めて土偶の頭を掘り当てた。しげしげと眺めていたら，後ろから中村先生が，ぱっと取り上げた。感動する間もなかった。先生は周りに「小林君は土偶かどうかも分からないんだよ」などと言っていたが，私はわかっていたから，にやにやしながら聞いていた。文化祭では教室一つを使って部の発表をした。中村先生がわざわざ見に来てくださった。

山内清男先生の本ノ木遺跡発掘に参加

高校卒業後の進路は，考古学しか考えていなかった。しかし，家にはお金がなかったから，大学に行かせてもらえるかどうか分からなかった。父に大学に行きたいと言ったら，すぐには返事をしてくれなかった。1週間ぐらいたってから行ってもいいと言われた。大学に進学してから気付いたが，目に見えてうちの田んぼが減っていた。稲刈りなど，両親の仕事量が減っているように感じた。父が田んぼを売って得たお金が学資になったらしく，辛い思いをした。

1957年，國學院大學史学科へ進んだ。小学6年生の時に本で読んで知った大場磐雄・樋口清之両先生がおられたからである。

大学1年の夏休み，中村孝三郎先生に帰省のあいさつをしようと，先生の勤め先だった長岡市の科学博物館に行ったところ，大きなリュックサックを担いだ人が現れた。それが縄文学の大家，東京大学の山内清男先生であった。

津南町の本ノ木（もと・き）遺跡を調査するために単身で乗り込んできたのである。中村先生から「すぐ家に帰って支度し，山内先生の介助役に付いて行け」と言われ，慌てて津南に行った。

山内先生の調査では，宿や作業員の手配を全てした。論争の舞台となっている遺跡で，大変なマネジメントをやった。でも，発掘したくても，なかなか掘らせてもらえなかった。私のような経験

がない者は発掘トレンチには入れない。私の仕事は水くみである。暑いからみんな水を飲む。山内先生も水がなくなると，大きなやかんを二つ提げて，遺跡近くの水がちょろちょろ出ている湧き水を汲みに行った。夏休みの後，先生から声を掛けられて東大の研究室に行くようになった。

國學院大学は授業が少なく，考古学の講義も限られていた。当時は，先輩から教わるか，独学である。私は國學院だけではなく，他の大学にも出掛けた。芹沢長介先生は，新進気鋭の旧石器の研究者であった。私は芹沢先生の『駿台史学』4号の無土器文化の終末と縄文文化の発生についての論文を読みたくて，明治大学の研究室を訪ねたところ，本人がおられた。それからお付き合いしてもらえるようになり，お宅にも伺うようになった。芹沢先生の発掘には，岩手県雨滝遺跡（1958年），新潟県神山遺跡（1958年），荒屋遺跡（1958年），長崎県福井洞窟（1963年）の時に参加させてもらった。雨滝遺跡の時，私は國學院生で押しかけだったので，最初は同じ旅館の別の部屋に一人でいたが，途中で先生に認められて明治大学の学生たちの部屋に移った。その後，私は先生にかわいがっていただき写真機材を担いで運び，撮影助手をよく務めた。

本ノ木遺跡は，旧石器とみられる石槍と，縄文土器が一緒に出土したため，時代認識をめぐり，学界で「本ノ木論争」が起きた。芹沢先生は旧石器の遺跡，山内先生は縄文の遺跡と主張してお互い譲らなかった。学問的に対立していた大御所のところを私は行き来していて，後ろめたい気持ちがあったが，二人とも承知の上で私を受け入れて下さったのは幸せだった。

新妻と渡米

私が大学院博士課程を出るころは，考古学の職がほとんどなかった。大学院修了が迫ったころ，芹沢先生の紹介もあって，東京都多摩ニュータウン予定地の遺跡調査員に採用された。1966年，28歳の時である。

多摩ニュータウン遺跡の調査は，関東での大規模土地開発に伴う発掘調査の先駆け。私は現場に常駐して発掘や，作業に必要な人手の確保など仕切りを任された。調査員には，考古学専攻の新卒者を学閥にとらわれずたくさん呼んだ。休みはなし。雨が降ったら遺物の整理をした。そしたらついに，私への造反が起こった。年中休みなく発掘

なんかしてられない，ひどいじゃないかと。それで調査員たちと「団交」した結果，1週間に1日休みにした。しかし休日は，埼玉の発掘現場を見ようとみんなを連れて行った。今にして思えば，むちゃな話である。それでもフーフー言いながら，よく付いてきてくれた。多摩の遺跡には，地方から見学に来る人も結構いた。ただ，私は見せるだけではなく，遺物の整理や土器の復元などの仕事も手伝ってもらった。多摩ニュータウン52遺跡は縄文早期の撚糸文土器と縄文土器のあり方がおもしろく，報告書作成に熱中した。

多摩の発掘に2年ほどかかわった後，1968年秋にアメリカのウィスコンシン大学の客員研究員になった。日本考古学の研究者へのアドバイスが仕事である。そのポストは私で4代目であった。日本に戻っていた前々任者の岡田宏明さんが結婚して2人で行った方がいいと勧めてくれたので，アメリカに行く前，3月31日に，大学の史学科の後輩で5歳年下の美津子と結婚した。

結婚の保証人には，長岡出身の作家松岡譲先生と，夏目漱石の娘の筆子さん夫妻になってもらった。悠久山の近くに住んでいた松岡先生も縄文土器が好きで，よく長岡市の科学博物館に立ち寄っていた。私は大学生のころに博物館でお会いして以来，かわいがってもらっていた。式は金がなかったので，挙げなかった。女房もそれでいいと言う。そうしたら仲間が，御茶ノ水駅前の空き地にテントを張ってパーティーを開いてくれた。芹沢先生や佐原真さんにも来ていただき，うれしかった。

アメリカでは，1ドル360円の時代に年間3千ドルで生活した。住んでいたのはヒッピーの巣窟みたいな所である。マリファナか何かを住人がやっていて，下からにおいがしてくる。そして，トントンと誘いに来る。もちろん，断った。

研究者の相談役をしながら，授業も聴講した。一つのコースを取ると，紙袋がいっぱいになるほどのテキストがある。それを全部読んで授業に出なければいけない。だからトイレの中でも本を読んでいた。それでも追いつかない。語学が苦手だったからもう大変だった。私が人生で最も勉強した時である。

文化庁時代と遺跡保存

ウィスコンシン大学で客員研究員になっていた私のところに，東京都が計画していた博物館の仕

事の話が舞い込み，1970年に日本に戻った。

　帰国したら美濃部亮吉都知事の革新都政に変わっていて，博物館はいらないということになった。しかし，都がポストを用意してくれて，遺跡の調査などをずっと1人でやっていた。あるとき，課長に文化財行政はこうあるべきだと作文を出した。そうしたら「ほおー，建白書かね」と冷やかされた。いいことを書いてあるけど法的根拠は何だ，と言われたのである。はっと気が付いた。行政職員は全部法に基づいて動くということに。だから文化財の専門職員として後輩がいろんな自治体に採用が決まると，まず法律を勉強しなさいと言うようになった。

　1972年，34歳の時に，文化庁に転職。記念物課の文部技官として埋蔵文化財行政を担い，史跡指定など数多くの遺跡保存に力を注いだ。時に「保存の小林」と揶揄された。保存すべきだと考えたら，即決。重要なものなら，信念を持って国の史跡として指定するよう努力した。文化庁の予算は決まっているから，私が保存すべきというと，ほかの事業に金を使いたいと思っている人に影響することになる。私が金のかかる話を勝手に持ち込んでくると思われていたから抵抗もあった。

　外部からの反発もあった。千葉市の荒屋敷貝塚（1979年国史跡）では，かつての日本道路公団ともやり合った。ブルドーザーで切り崩して道路を造った方が金もかからないし，早いけど，貝塚は情報がたくさんあるから保存に動いた。貝塚の上に橋を通す案もあったけれど，公団は，橋のカーブが急だから造れないと主張した。私は専門資料を調べて，同じくらい急な橋があることを示した。結局，貝塚は，下にトンネルを通して保存された。

　全国各地を回って，たくさんの遺跡を保存した。都道府県が一向に手を差し伸べてくれない中，国から来た私が，保存すべきだ，一緒にやろうと言うとみんな付いて来てくれた。だからその後もずっと仲間付き合いする同志が全国にいっぱいできた。

　文化庁勤務時代には，ふるさと長岡市の馬高遺跡と藤橋遺跡の国史跡指定にも関わった。

　火焔土器は，縄文土器の王である。馬高遺跡（1979年国史跡）は，その第1号が見つかった遺跡で，全国的に意義がある。藤橋遺跡（1978年国史跡）は，規模が大きく，翡翠も出土している縄文晩期の代表的遺跡である。えこひいきしたわけではない。そういう巡り合わせ，縁があったのはうれしかったが，何千年も残っていた遺跡を，何千年も継承していくことを決める局面に立ち会い，保存できたのは，さらにうれしかった。

母校に赴任

　私は文化庁で埋蔵文化財行政を先頭に立ってずっとやらされるのかなと思っていた。だから母校の國學院大學から助教授に誘われた時，お世話になった文化庁の文化財監査官だった坪井清足先生に相談した。先生は「母校から話があるのはいいことだから」と勧めてくれた。

　1978年，40歳の時に文化庁を辞め，母校に戻り，教壇に立つ一方，縄文文化の研究に専念することになった。

　大学に行って，発掘実習を復活させた。学園紛争の影響で途絶えていた。60年代後半に，開発のための発掘は遺跡の破壊だという理由で反対する学生たちがいたからであった。しかし，発掘は考古学の原点，出発点である。発掘の実習をちゃんとしないといけない。私はやるべきだと主張していた。大学側からは当初，反対された。学生の過激な運動を警戒していて，二の足を踏んでいたが，強引に押し通した。

　1979年，中里村（現十日町市）の壬遺跡で，夏休みの10日間くらい発掘実習をした。学生たちはみんな喜んでいた。やって当然のことをようやくできて，うれしかった。國學院では約10年ぶりの実習であった。

　2010年は9月に津南町の卯ノ木遺跡を発掘した。実習は地域の人に受け入れてもらわなければいけない。いろいろな人たちと接したり，お世話になったり，社会に出る勉強にもなる。

　大学で改革したものが，もう一つある。教授の

図4　國學院大學時代
津南町卯ノ木遺跡の発掘実習記念 （中列中央）（2010年）

海外研修である。定年間際の人たちが，論功行賞として，1年間海外に行くような雰囲気だった。でも戻ってきて定年になる人たちが行っても，何の役に立たない。私は海外に行って研究をしたいと，しょっちゅう話題にしたし，行かせてほしいと，何度も手を挙げた。

1983年，45歳の時に，カナダのブリティッシュ・コロンビア大学へ留学できることになった。期間は1年だけである。トーテムポールを立てた北西海岸インディアンについて勉強した。彼らは木彫りの工芸品など非常に高度な文化を持っている。でも本格的な農耕はしていない。そういう意味で縄文文化と非常に重要な共通点があるので，私はそこに目を付けていたのである。

私が海外研修に行ってからは，若い研究者が行くようになった。

前・中期旧石器捏造問題

2000年11月，考古学界を揺るがし，教科書の書き換えにまで発展する事件が発覚した。前・中期旧石器時代の遺跡の捏造である。当時の東北旧石器文化研究所副理事長が，石器などを自らの手で古い地層に埋め，「発見」していた。

宮城県上高森「遺跡」の映像をニュースで見て，言葉を失った。彼の超人的な存在については，手放しですごい人だと思っていた。でも心の底では「こんなに次々発見されるなんて，あり得るのか」とも思っていた。報道を見て，彼が関わった「遺跡」はすべて駄目だろうと悟った。彼と一緒に発掘していた中には，後輩もいた。だから石器が見つかるといつも夜に電話が来る。「今日出たんですよ」と。「ああ良かったねぇ」と私は言ってきた。事件発覚前からインターネットでおかしいと発信していたのも私の教え子だった。

彼はもともとアマチュアの会社員。ただ考古学が好きで，研究者とお近づきになりたかっただけだと思う。その時お酒の1本でも持っていけば良かったのに，より自分を印象付けたかったから，捏造した石器を持っていったのであろう。

事件直後，日本考古学協会は捏造問題を検証する特別委員会を設けた。2年半かけて調査し，私が委員長を務めていた2003年5月に，9都道県162遺跡で捏造があり，前・中期旧石器時代の全遺跡を無効とする検証結果を出した。日本考古学界自体が罪なことをしたという曖昧な捉え方では

駄目で，問題の所在をはっきりさせるため，捏造事件への関わり方を3分類した。「張本人」，「第1次関係者」（張本人から直接情報を得て一緒に発掘を続けた研究者），「第2次関係者」（発掘結果を信用し，支持してきた研究者）と。大学の講義などで，彼の関わった発掘調査について話をしていた私は，第2次関係者である。一番責任が重いのは第1次関係者の数人。何回も何回も彼に遺跡を探せと言って，一緒に発掘までしている。発掘では，どういう場所からどう出たかということが重要である。しかし，それをきちんと見ないで，ただ，物だけを取り上げていた。これでは研究者ではなく，遺跡の破壊者である。

石器を一から調べ直した。すると，古い地層から出土した石器なら普通付かないような新しい傷や鉄分が付着していた。周囲も全く冷静さを欠いていた。彼と何年も発掘調査をしていたのに，第1次関係者のなかには，いまだに「運がなかった」と言っている人がいる。研究の先頭に立つような人たちが，だまされ続けて「運がなかった」はないだろう。全面的に悪かったと反省しない限り，この問題はすっかり解決したとは言えないと思っている。

人間探求

2000年8月，長岡市に開館した県立歴史博物館では，常設展示の半分ほどを縄文コーナーが占め，縄文人の四季の生活を実物大で再現した。私は構想から関わり，2007年3月まで館長を務めた。

火焔土器を出土した馬高遺跡が近いこともあって，私は縄文に焦点を絞って発信すべきだと思っていた。反対意見があり，近現代史や民俗も含めた常設展示になった。展示は縄文人がどのような生活をしていたかが伝わるよう工夫した。物を並べるだけでは限界があるので，セミや動物の鳴き声を流したり，木登りしている子どもを登場させて動きを出したりした。等身大のものを展示したのは，見る人が異空間に，そのまま入っていけるような感じにしたかったからである。縄文人は奇数が好きだということを意識して，集落の中心に飾った木には「7，5，3」の割合で縄を巻き付けてある。縄文土器の突起の数も3にこだわるなど奇数を好んでいたことが表れている。

どういうつもりで土器を縄文人が作るのか，迫ろうと思ったきっかけは芸術家の岡本太郎に与えられた。研究者は，土器の形や分析に熱中したま

図5 近影（2010年）

まだった。太郎が縄文土器，縄文人をあの眼力で発掘し，彼らに人格を与えた。しかしそれだけでは不十分で，私がもう少し深めただろうか。縄文土器の魅力は「器離れ」しているところである。入れ物としては邪魔な突起がある。太郎に「ここに日本がある」と言わしめた詩情がそこに込められている。

およそ15,000年から2,500年前までの縄文時代。旧石器文化を受け継ぎ，狩猟や採集を中心とした生活だった。私が研究に取り組んで半世紀余，欧米での展覧会開催など近年，縄文への関心の高まりを感じている。

なぜ縄文か。それは自然と共存共生した文化だからである。縄文人は実体験を通して自然の仕組みを理解し，哲学を持っていた。ストーンサークルをつくるとか，腹の足しにならないようなこともする。しかし，それは心の足しになる。現代のわれわれに，人間とはどうあるべきかを問い掛けてくる気がする。縄文人は，自然の一画を切り取って「ムラ」を営んだ。周りは自然のままで，生活に必要なものを頂くという気持ちで手に入れる。多種多様な動植物を利用した，バランスの取れた共存共生。だから1万年以上続いたのだと思う。弥生時代に入ってくる大陸の文化は，自然を征服の対象として開墾する。効率を追及して右肩上がりの進歩を期待する。現代の環境問題とか大変な状況につながっているとも言える。長年研究を続けてきた私の縄文考古学は，人間の意味を問う学問，人間探求へと行き着いた。

以前の考古学者たちは，縄文人の世界観には踏みんでいかなかった。しかし，半世紀前，縄文人は夏至と冬至，春分と秋分の「二至二分」を知っていた可能性があると唱えた研究者が地元にいた。秋田県の大湯環状列石の2つ並んだストーンサークルの中心を結んだ線に日没の日が落ちることが理由であった。私も共感し，1994年に大湯環状列石に行った。夏至の日は梅雨で晴れ間が少ないから，日が隠れたりする。立ち続けて，環状列石に落ちる夕日を撮影できた。してやったり，であった。群馬県の天神原遺跡では，妙義山の3つの峰に合わせるかのように3本の細長い石が立てられている。春分秋分の日の入りはちょうど真ん中の峰に沈む。春分の日に行ったが，雲がかかって見られなかった。しかし，地元の人がその後，写真を撮ってくれて確認できた。考古学は研究者が増え，盛んになった。ところが物の形だけの研究にとどまっていることが多い。物をなで回して，満足するのではなく，文化を持った縄文人と対話をしなければいけない。

私は若いころは，細かいことをやった。土器に縄をどう巻いたか，太さはどうかとか。そこから次にどういう意味があるのか考えるようになった。例えば，馬高遺跡の周辺には，数百年も縄文人が住んでいた。東山丘陵の鋸山が見えて，夏至のころは守門岳のあたりから朝日が見えるいい場所である。きっとあの風景を気に入っていたんだろうな。なぜ，そこにいたのか，いつづけたのか，その意味をきちんと解きたいと思っている。

私は2023年4月，アメリカ芸術科学アカデミー会員に選ばれた。縄文世界を探ろうとする私の試みが認められたとすれば，まことに名誉なことである。

—————— **主な著作** ——————

『日本原始美術大系1 縄文土器』講談社，1977年。『日本の原始美術 縄文土器Ⅰ』講談社，1979年。『縄文土器大観』（全4巻，編著），小学館，1988-1989年。『縄文土器の研究』小学館，1994年。『縄文人の世界』朝日選書，1996年。『縄文人の文化力』新書館，1999年。『総覧縄文土器』（編著）アム・プロモーション，2008年。『縄文の思考』ちくま新書，2008年。『縄文文化が日本人の未来を拓く』徳間書店，2018年。

＊本稿は今から13年前に『新潟日報』（夕刊）（2010年12月8日〜22日）に連載された「遺物から思想探る」のインタビュー記事を元にして春成秀爾さんがまとめたあとで，春成さんに電話で話したことを付け加えてできあがった。インタビュアーの丸山俊子記者，1963年の福井洞窟の発掘で同じグリッドを掘って以来の縁でつながっている春成さん，支援してもらった宮尾亨さん，中村耕作さんに深謝する。

山田　猛 著

平等と定住の縄文社会

B5判　336頁
11,000円
2023年8月
同成社

押型文土器「大鼻式」研究の熟成から該期縄紋社会を展望，人類史的位相にも踏み込む著作が届く。30数年来の因縁も絡む。かつて故土肥孝（以下，敬称略）は「大鼻式」は古くない，「花輪台式」並行だ，と評者の面前で念じ，関東の押型文ギャラリーも大方類似の意見を表明する。評者は故江崎武（元一宮考古学会会長）指導の下，愛知県周辺の縄紋式晩期終末研究の機会に著者との知遇を得，俄か押型文ギャラリーに仲間入り，早速『利根川』24・25合併号の押型文土器特集では黒子に徹し全面的に後方支援する。その直後にはさいたま市馬場小室山遺蹟の史跡化保存活動に専念するが，そこで偶然にも利害関係が対立する行政お抱え側の岡本東三（押型文土器研究のレジェンド）と相見える。その縁も忘れた数年前，岡本東三の「大鼻式」最新説に接するが，それすらも忘れた頃，締切間際の超短期日限で山内清男ギャラリーの立場から岡本東三論を評せよ，との要請に渋々「大鼻式」への注目等軽薄短小な感想を開陳する。今，著作の刊行で研究の到達点を識るや，故江崎武共々「大鼻式」研究の謦咳に接した身としては正に同慶の至りである。

著者は三重県大鼻遺蹟の調査・研究（1988）により押型文土器の最古に「大鼻式」を制定，それを端緒として押型文土器期遺蹟の調査（同県坂倉遺蹟（1994）・鴻ノ木遺蹟（1998）・中出向遺蹟（1999）・花代遺蹟（2000））にも恵まれ（評者は大鼻遺蹟以外の報告書は未見），機会ある毎に近畿地方の前半期押型文土器編年の再検討を重ねつつ，戦術として精緻なシーケンス再構築を図ると共に，該期集落構成論（含む煙道付炉穴機能論）や櫛田川流域の遺蹟群形成論，そして出現の文化的意義に接近する初期土偶形態論の展開も踏まえ，該期縄紋社会を展望するに留まらず，遂には人類史的位相へと構成を設える戦略的著作を上梓する。

著作（336頁）は，「第Ⅰ部　近畿・中部地方における前半期の押型文土器」（本文152頁），「第Ⅱ部　煙道付炉穴」（本文47頁），「第Ⅲ部　領域と生業システム」（本文24頁），「第Ⅳ部　前半期の土偶」（本文17頁），「第Ⅴ部　定住による平等主義の動揺」（本文9頁），「参考文献」（5頁），「引用文献」（16頁），「付編」（22頁），「跋文」（大塚達朗），「おわりに」（4頁）等から構成されるも，総頁数の略半分は「第Ⅰ部」が占める。

「第Ⅰ部」は12章から構成され，前半の第1章～第6章は三重県を中心とする細別編年を進め，高精度土器論の展開により，「大鼻式」→「大川a1式（「西出式」）」→「大川a2式（「鴻ノ木式」）」→「大川b式（「射原垣内式」）」→「神宮寺a式」→「神宮寺b式」→「桐山和田a式（「井之広SH13」）」→「桐山和田b式（鴻ノ木Ⅳ式）」（この精緻なシーケンスを「大鼻・大川組列」と略）と推敲する。各細別は形態・装飾に係る殆どの属性を統合，優先順の策定を踏まえ，精緻に比較，引算（層位）的型式学的に年代学的単位を導出の上，連続的変遷に帰納させる戦術は白眉である。正に「大鼻・大川組列」の現在を攻究する座右の書に相応しく推奨に値する。

第7章～第11章では東海地方・中央高地・関東地方と「大鼻・大川組列」との交差検証を経，先行研究批判も徹底する。講評には是非が伴うのが常である。中央高地の各地へと波及する「大鼻・大川組列」の抽出や「立野式」編年観は時宜に供する。その一方で，一系統論の演繹的帰結とする「立野a・b式」→「小田原式」→「樋沢式」の「単線編年」には「大鼻・大川組列」で見せる精緻な変遷が検証出来そうもない。「小田原式」は並行系列の混在との可能性が高く，強いて言えば無理矢理接ぎ木した如き印象が拭えず，「土器型式」同定に躊躇する。評者の分岐編年では「立野式」と「樋沢式」は「複線編年」を構成する。抑々「大鼻・大川組列」の「無文地帯状施文」は「沢式」へ敷衍すべき同時性を保証しない。「沢式」には無文土器と表裏条痕文が関係する山形押型文の出現（最古性）が見え隠れしており，押型文の生成基盤を検証せずに施文帯構成の類似を同時性と見做すのは強引である。「大鼻・大川組列」の無文地は「沢式」と無縁の系統的年代的関係である。

最後の第12章は「大鼻・大川組列」を軸にする一系統論を「単一起源多分岐論」と装う。また山形文の出現と展開からは違和感も漂う。

「第Ⅱ部」以後の戦略的昇華には感銘を受ける。押型文土器文化を「煙道付炉穴」の出現と波及の地理的勾配，研究史を統合した機能推定（ドングリの季節性由来），及び櫛田川流域の遺蹟群形成論を踏まえ，温暖化に伴う「温帯森林の定住」に比定する。人類史的位相は備蓄する定住社会の「園耕」段階とし，私有・集団統制の平等主義には動揺も観る。縄紋研究の大方も自然集落から前期の計画集落への変質に動揺を認識する。（鈴木正博）

幡中光輔
西日本磨消縄文土器の施文技法と地域性
考古学研究第 70 巻第 1 号
p.14〜p38

　縄文土器の精緻な型式学的検討は，これまでに土器型式の時系列的な変遷や地域性の存在を明らかにしてきた。その一方，時間的・空間的な分類を主眼とする性格上，型式学では時期差や地域性が生じる本質的な土器変化の要因への説明が困難であった。

　そこで本稿では，後期初頭の西日本の磨消縄文土器を対象に，文様構成や文様意匠など外部から視認できる文様の表層的な属性に対して，施文具や施文技法など器面上に残らず視覚的に共有されにくい基層的な属性に注目し，土器文様が変化する要因を追究した。

　具体的には，後期初頭の遺跡が集中する山陰中央部と瀬戸内東部において，縄文帯の施文技法の分析を試みた。分析の結果，時期が下ると山陰中央部では縄文帯の沈線区画に縄文を充填後，沈線区画を引き直すことが多いのに対して，瀬戸内東部は沈線区画が引き直されない個体が漸増し，施文技法に明確な地域差が生じることが明らかになった。

　さらに瀬戸内東部では，縄文帯幅が次第に狭まるなかで2本沈線の縄文帯の沈線区画から遺漏した縄文の外側に沈線を新たに付加する状況が看取された。そのため福田 K2 式新段階に特徴的な 3 本沈線の縄文帯は，施文技法の地域性の強化で創出された可能性を想定した。それは文様の基層的属性である施文技法が表層的属性の文様構成に影響を与え，新たな土器型式の文様として普遍化する様相を示している。

　こうした施文技法の地域性は，後期前葉の縁帯文土器にも継承されている。この時期に西日本で出現する東日本系土器の文様構成には在地由来の施文技法が反映さ

れ，西日本独自の東日本系土器が各地で展開したと推測される。

　施文技法の地域性は，時間的な累積のなかで自律的に強化され，文様自体の変化に寄与した蓋然性が高い。施文技法を含めた土器製作に関して世代間の継承や伝習などの時間的な変遷の追究が，土器変化の本質的な要因を解き明かす重要な役割を担うと考えられる。

（幡中光輔）

坂本　匠
縄文時代後期における貝類利用の変化
—千葉県下総台地を例として—
日本考古学 56 号
p.1〜p.19

　近年の研究において，千葉県下総台地では縄文時代後期に貝類利用に変化が生じた可能性が示された。しかし，現状は特定遺跡での結果のみで，比較検討できる資料が不足しており，遺跡間の関連性などに検討の余地を残していた。

　そこで本論では，貝類利用にみられる時期差を周辺の遺跡と比較しながら，遺跡・地域間の関連性を貝類利用の側面から明らかにすることを目的に，東京湾沿岸域（海浜部）の園生貝塚（後期前葉〜後葉），東ノ上遺跡（後期前葉），藤崎堀込貝塚（後期中葉），印旛沼南岸域（内陸部）の八木原貝塚（後期中葉），内野第 1 遺跡（後期中葉）の 5 遺跡を対象として分析を行った。

　分析では，まず各遺跡における貝類の組成と利用季節を検討し，採貝活動の対象や季節性の様相を整理した。その結果を基に分析地域における貝類利用の特徴を示した上で，海浜部と内陸部の比較から，地域間に生じた貝類利用の性格の変化について考察した。

　分析の結果，後期前葉と中葉を境にして，分析地域での利用貝種と利用季節に時期的な変化があることを明らかにした。具体的には，後期前葉には利用が低調であった

オキアサリという海の貝が後期中葉になると活発に利用され始め，その利用季節も周年的なものから冬を中心としたものへと変化していくことが分かった。

　さらに，当時の地域社会における動向をふまえて貝類利用の性格の変化を検討し，後期中葉になると内陸部の集落で海産貝類の需要が増加し，その需要に応える形で海浜部の集落がオキアサリの獲得量を増やして，その一部を内陸部へと供給したと解釈した。

　資源の搬入・搬出という地域間の交易関係を背景として，縄文時代の貝類利用が変化した可能性が示されたことは，縄文時代の貝類資源利用を理解する上でも重要であり，本論が今後の動物資源利用をめぐる議論に寄与できることを期待する。 （坂本　匠）

橋本明香里
提瓶の統計学的分析
—美濃を事例に—
物質文化 103 号
p.49〜p.61

　提瓶とは，扁平な体部の側面に頸部が付いた須恵器の瓶類の一種である。提瓶は多くの古墳から出土している一方，提瓶のみに注目した研究は数少ない。そこで，本稿では初めに研究史を 3 つの時期に区分して整理し，成果や課題を明らかにすることとした。最初の研究開始期では提瓶という土器の存在が報告され，須恵器の編年も登場する。続く研究進展期では須恵器の編年が確立するとともに，提瓶の形状について様々な見解が提示される。さらに研究発展期では土器組成の観点から研究が進む。

　このような研究史を整理した結果，提瓶の形状の変化に関しては様々な主張がされているが，特定の古墳から出土した提瓶のみに着目する研究が多く，「客観性」に欠ける議論が多いことが明らかになった。「客観性」に関しては，研究者の主観を可能な限り排除して透明性を確保するためには統計

的手法が有効であると指摘されている。（阿子島香・溝口孝司『ムカシのミライ プロセス考古学とポストプロセス考古学の対話』2018）

そこで，複数の古墳から出土した提瓶のデータを集成して統計的手法で分析することで，研究史上で指摘されてきた提瓶の形状の変化について再検証を行った。具体的な方法としては，耳の形状や扁平率など5つの属性を設定し，フィッシャーの正確確率検定やクラスカル・ウォリス検定などを利用して美濃地域から出土した提瓶計125点を検証した。

その結果，頸部の長さの変化には統計的有意性がある可能性を示した。そこから考察を進め，頸部は6世紀末から7世紀初頭頃にかけて変化すると予測し，その背景に使用方法の変化がある可能性を指摘した。また，提瓶の耳について特定の形状に変化するという仮説が統計的に有意であると示すことはできなかったが，その形状には2つの系統が存在していた可能性を示唆した。

今後は提瓶についてさらに研究を進めることで，古墳時代の社会に対する理解を深めることが期待される。　　　　　（橋本明香里）

- -

續　伸一郎
堺環濠都市遺跡から出土した貿易陶磁器
―「琉球貿易」、「南蛮貿易」を中心として―
貿易陶磁研究 No.43
p.153 ～ p.168

- -

中世後期に商業都市として繁栄した堺では，時代変革に適応して貿易形態を変化させ各地域から多種多様な物資を輸入して京都・奈良などに供給・分配していた。主な貿易形態として，史上では「琉球貿易」・「遣明船貿易」・「南蛮貿易」・「朱印船貿易」などが知られている。

本稿では，堺環濠都市遺跡から出土した貿易陶磁器などの考古資料を基に，15世紀～16世紀後半にかけて行われていた「琉球貿易」（15世紀前半～16世紀中頃）と「南蛮貿易」（16世紀後半）の実態について復元を試みた。

その方法としては地域間流通の視点から，堺環濠都市遺跡と供給元と想定される地域（首里城跡，大友府内町跡・博多遺跡群など）の出土様相・組成について，個別に比較検討を行った。その結果，主要陶磁器の器種変遷が一致すると共に特徴的な貿易陶磁器やコンテナ陶磁が同時期に堺でも確認されることから両地域から物資の搬入が確かめられた。

また，琉球貿易と南蛮貿易ではコンテナ陶磁の変容が認められ，琉球貿易では中国褐釉壺（沖縄5類）とタイ・メナムノイ窯有頸四耳壺が，南蛮貿易では中国磁竈窯・石湾窯四耳壺とタイ・メナムノイ窯無頸四耳壺がそれぞれの貿易を示す指標となることを指摘した。

次に堺に至る搬入経路について考察した。なかでも，遣明船貿易や琉球貿易でも主要航路として利用された「南海路」（堺⇄土佐⇄日向・薩摩）の経路上に点在する複数の港津関連遺跡からは，15世紀後半～16世紀前半頃の大阪南部産瓦質羽釜など，また城館跡からは先述したコンテナ陶磁が出土していることが確認され，人々と物資の往来が認められた。

これらは，海域史や中世史の研究成果と合致する点も多いが，新たな知見も提供することができた。

今後は，各研究分野のカテゴリーから離れた多角的な分析が有益となるであろう。　（續　伸一郎）

- -

村上伸之
17世紀の有田における磁器の生産体制
―山本神右衛門重澄の窯業改革を中心として―
陶磁器と考古 大橋康二先生喜寿記念論文集
p.151 ～ p.160

- -

1610年代中頃に有田の地で完成した日本磁器は，陶工の卓越した技によりその後発展を遂げたとの評価が一般的である。しかし，現実的には，消費者ニーズを的確に捉えて商品の供給を担う商人の存在は不可欠で，佐賀藩が押し進めた持続可能な産地とすべく強固な基盤を持つ体制の整備も忘れてはならない。

しかし，当初藩は窯業の産業化にまったく関心を寄せておらず，もっぱらそれは後に初代皿屋代官となる山本神右衛門重澄の先見性と実行力によりなし得たものである。横目と呼ばれる現地の監督官として，1637（寛永14）年に窯場の整理・統合を断行し，826人の陶工を窯業界から追放することで熟練した陶工のみを残し，新たに泉山で発見された豊富で良質な陶石を用い，陶器や下級磁器を廃して良質磁器だけを生産する体制を確立した。さらに，個々が独立していた窯場を有田皿屋として統合し，過当競争を排除する窯業の組織化にも成功した。これにより，継続的に多額の運上銀を生むシステムが構築され，1647（正保4）年の皿屋代官制度の創設により，藩の産業としての公認にも成功した。

また，1650年代中頃から，中国に代わり世界市場に本格的に挑戦するため，有田の東部の地域をその拠点に位置付け，内山として域内の技術の極度の平準化を図り，上絵付け工程も分業化して，高効率生産を追求して高級量産品の生産場所を創出した。そのため，相対的に技術レベルの劣る業者を，外山とした西側の地域へと集団移住させるとともに，逆に，最高級品の生産業者も外山に移すことで，内山の技術の単純化を担保したのである。その結果，生産地域ごとに生産する製品ランクが固定化され，以後150年以上も続く生産制度の根幹が確立した。

つまり，今日まで途絶えることなく引き継がれる有田の窯業の産業化への道程は，神右衛門が描いた設計図に基づくものなのである。　　　　　　　（村上伸之）

季刊 考古学 （年4回発行） 本体2,400円

第165号（10月刊行）　　　　　　　　　　　　　　　　本体2,400円

特集 古墳時代の甲冑　　　　　　　　　　　　　　　　古谷　毅 編

■**旃檀林の考古学 2**　大竹憲治先生古稀記念論文集　同刊行会　2022年 12 月　B5 判　620 頁

茨城県つくば市西栗山遺跡の角錐状石器――――――――石川太郎

大平山元 I 遺跡の年代測定資試料をめぐる諸問題――――山本直人

神ノ木式土器の「縄の束」と他型式文様の研究――――澁谷昌彦

墓考――――――――――町田賢一

寄生関係にある貝と魚からみた関東地方の縄文漁労――堀越正行

縄文時代の三季区分暦制説の提唱―主に堂之上遺跡のランドスケープから――――藤田富士夫

茨城県における縄文中期有段式竪穴建物跡の素描―研究史を通して――――――――小川和博

福島県に分布する馬高系土器について――――――佐藤雅一

縄文時代中期後葉に建築された円形 5 本主柱型住居の規格
――――――――――長谷川豊

燕形銛頭起源論批判――佐藤典邦

いわき地方における土偶概観―愛谷遺跡の分析から―
――――――――――木幡成雄

ガウディ土器覚書―阿武隈高地出土縄文後期初頭の異形注口土器―
――――――――――水井幸一

埼玉県宮代町内出土称名寺式土器に見る文様描出手法―磨き手法について――――――青木秀雄

手燭形土偶―群馬県石川原遺跡出土の土製品―――谷藤保彦

鐸形土偶―十腰内文化―
――――――――――成田滋彦

縄文時代における南九州の道つくりの変遷――――池畑耕一

中部地方における縄文時代後期の小型石棒類―遠隔地における儀器の受容について――長田友也

縄文時代後・晩期の円筒形深堀土坑をめぐって――山本暉久

縄文耳飾空間分析への一試論
――――――――――吉田泰幸

集落における姻族・非血縁者の存在―縄文時代後期前葉における特定住居近接墓域との比較―
――――――――――阿部友寿

顔身体土器群の変遷モデル―七社宮遺跡の顔面付注口土器を理解するための試論―――中村耕作

霊山根古屋遺跡の再葬墓造営過程
――――――――――石川日出志

龍門寺式土器研究の課題
――――――――――野崎欽五

いわき市漆立目遺跡出土土器―（一）弥生後期土器を中心に―
――――――――――髙島好一

続縄文時代における恵山文化と後北文化の石鏃―余市町天内山と大川遺跡の例から―
――――――――――乾　芳宏

豊の出現期前方後円墳について
――――――――――清水宗昭

伝中山大塚古墳出土の玉杖関連石製品―琴柱形石製品・巴形石製品・歯車形石製品―
――――――――――水澤幸一

矢指塚三号墳の円筒埴輪
――――――――――瓦吹　堅

古墳時代の東北における炉の様相 II ―支脚・器台類と石添炉の関係――――――神林幸太朗

栃木県における古墳時代後期の洪水痕跡について（補遺）―那須烏山市滝田本郷遺跡を中心として―――――上野修一

喪（殯）屋に関連する遺構について――――――――吉田博行

東北太平洋岸に位置する装飾古墳について―中田横穴墓・虎塚古墳を『記・紀・風土記』から考察する―――――鴨志田篤二

相模・堂後下横穴墓群の線刻画―学史に著名な線刻画の消滅―
――――――――――鈴木一男

古代箱形木棺の一例―郡山市南山田遺跡 5 号墓の鉄釘・小刀・鉄鏃―――――――柳沼賢治

出雲市天神遺跡の墨書土器―出雲の仁王会のこと―――内田律雄

阿蘇文化の基層―阿蘇神社・阿蘇修験・壽安鎮國山――島津義昭

日立市泉前遺跡再考――樫村宣行

南九州地方における古代社会と巨人伝説について――――清水周作

大猿田遺跡出土木簡に見える古代氏族の考察―磐城地方における

常世氏と葛原部について―
――――――――――中井忠和

松並平遺跡から出土した漆製品の再検討――――――井上國雄

いわき地方の経塚小考
――――――――――樫村友延

墳墓堂小考――――野坂知広

山梨県の中世石仏　地蔵菩薩立像（1）――――――坂本美夫

慧日寺旧蔵大黒印刻板における「永喜二年」銘小考
――――――――――白岩賢一郎

岩崎氏覚書――――中山雅弘

七本塔婆考―宮城県仙台市洞ノ口遺跡出土品を手がかりに―
――――――――――時枝　務

茨城県における中世城館に関わる覚書――――――田村雅樹

戦国時代東北の城郭石垣
――――――――――中井　均

当目砦の縄張――――鈴木　源

天下統一期大名上杉氏の鉄炮
――――――――――山名隆弘

寒川神社に伝来する獅子頭―獅子頭とその銘文から見える中世の千葉――――――小澤清男

奥会津に見る庚申講の一様相
――――――――――角田　学

奄美群島の古墓の地域性と年代観
――――――――――関根達人

宿場町に流通した「大堀相馬焼」―埼玉県栗橋宿跡から出土した大堀相馬系陶器の碗類―
――――――――――村山　卓

地震・津波碑の変遷とその背景 1 ―土佐の地震・津波供養石仏―
――――――――――岡本桂典

益子焼研究の現状と課題
――――――――――吹野富美夫

丹波立杭の汽車土瓶生産
――――――――――國見　徹

白水阿弥陀堂等の古写真について
――――――――――渡辺智裕

東都の石棺墓――――池上　悟

日本の大衆印刷物と考古学
――――――――――利部　修

陸軍境界石再考――稲垣森太

山内の夢のあとさき――山田仁和

ある考古学徒の軌跡―『常陸國新治郡上代遺跡の研究』余話―

東北地方における縄文時代早期前葉の土器編年―特に厚手無文土器と押型文土器・局部磨製石鏃の関係について―
　　　　　　　　　　　相原淳一
「儀礼」と「芸能」以前―若宮八幡神社の湯花行事の分析から―
　　　　　今井雅之・遠藤健悟
宮城県北小松遺跡出土土器の年代―土器付着物の AMS 炭素 14 年代測定および安定同位体比分析（2022 年度）―
　　　　　小林謙一・小野章太郎
宮城県北小松遺跡出土石器に付着した黒色物質の材質分析
　　　　　　　　高妻洋成・脇谷草一郎
　　　　　・柳田明進・小野章太郎
多賀城廃寺跡出土の泥塔
　　　　　鈴木啓司・高橋栄一

■地底の森ミュージアム・縄文の森広場研究報告 2022　2023 年 3 月　A4 判
岩偶・土偶の変形行為を客観的に可視化するための試論
　　　　　　　　　　　佐藤祐輔
大野田遺跡出土土偶からみるハート形土偶の製作技法
　　　　　　　　　　　堀江夏歩

■Bulletin of the Tohoku University Museum　No.22　2023 年 3 月　A4 判　45 頁
Middle Permian orthoconic nautiloids from the Takakurayama Formation in the Yaguki area, Fukushima Prefecture, Northeast Japan
Shuji Niko and Masayuki Ehiro
福島県清戸廹横穴の高精細 3 次元計測　　　　　　　藤沢　敦・
鹿納晴尚・吉野高光・小池雄利亜

■秋田歴研協会誌　第 79 号　秋田県歴史研究者・研究団体協議会　2023 年 3 月　A5 判　22 頁
秋田城「四天王寺」の墨画は何を語るか―水洗トイレの使用者は誰なのか―　　　船木義勝
秋田を襲った天長 7 年の地震について　　　　　　　池田憲和

■秋田県埋蔵文化財センター研究紀要　第 37 号　秋田県埋蔵文化財

センター　2023 年 3 月　A4 判　48 頁
猫袋遺跡の道路遺構について
　　　　　　　　　　　谷地　薫
南外窯跡群における年代観の再検討―片口鉢を中心に―
　　　　　　　　　　　小山美紀
蛍光 X 線による星宮遺跡出土土器付着赤色顔料成分分析
　　　　　小松和平・宇田川浩一・
　　　遠田幸生・千葉　隆・沓名潤子

■秋田県立博物館研究報告　第 48 号　秋田県立博物館　2023 年 3 月　A4 判　102 頁
人面付環状注口土器・鎧田遺跡出土土偶・寒川 II 遺跡出土壺形土器の X 線 CT 解析
　　　　加藤　竜・小林　克・黒沢憲吾
髙松家所蔵の八橋人形型について
　　　　　　　　　　　丸谷仁美

■律令国家の辺境と交通―揺れ動く境界と領域―　第 22 回大会資料　古代交通研究会　A4 判　90 頁
古代東北の物流・交通と地域編成―陸奥側の視点から―
　　　　　　　　　　　永田英明
出羽山道駅路と「秋田之道」を復元する　　　　　　高橋　学
越後・出羽の領域変遷と交通路
　　　　　　　　　　　相澤　央

■秋田県立博物館年報　令和 5 年度　秋田県立博物館　2023 年 6 月　A4 判　46 頁

■鶴舞　第 109 号　本荘地域文化財保護協会　2023 年 5 月　B5 判　80 頁
明治 27 年 8 月の子吉川洪水と自然災害伝承碑八幡神社標柱の現代的意義　　　長谷川潤一
考古学における「城郭」用語
　　　　　　　　　　　利部　修
出羽国由利郡領主達の江戸屋敷
　　　　　　　　　　　遠藤正彦
新秋田・五庵山英名碑録―五庵山に眠るひとびと―　長山　勉

■山形県地域史研究　第 47 号　山形県地域史研究協議会　2023 年 2 月　A4 判　112 頁
庄内川南地域北部の城館遺跡と文献資料について　　　須藤英之

■山形県立博物館研究報告　第 41 号　山形県立博物館　2023 年 3 月　A4 判　54 頁
尾花沢市原の内 A 遺跡出土の石製品について　　　　押切智紀

■研究紀要　第 15 号　公益財団法人山形県埋蔵文化財センター　2023 年 3 月　A4 判　60 頁
細石刃の作り方の基本―石器技術学におけるメトードの観点から　　　　　　　　大場正善
縄文時代晩期における大洞貝塚の学史的意義　　　　小林圭一
河北町畑中（一の坪）遺跡出土の墨書土器　　　　　渡辺和行

■歴史遺産研究　第 17 号　東北芸術工科大学　2023 年 3 月　A4 判　88 頁
阿武隈川流域の縄文時代墓制の変遷　　　　　　　　安田楓加
京都平野における竪穴系横口式石室の展開と地域性　山本翔太
史跡山形城跡における植生景観について　　　　　　山本翔太
山形県酒田市生石 2 遺跡発掘調査概要報告　青野友哉・渡部裕司
北海道伊達市有珠モシリ遺跡発掘調査概要報告―岩谷石丁場跡南谷丁場―
　　　北野博司・石川楓・高橋千夏・
　　　髙橋友貴・山本翔太・加藤彩花
　　　・青野友哉・永谷幸人・三谷智広
史跡大坂城石垣石丁場跡（小豆島石丁場跡）分布調査報告
　　　北野博司・石川　楓・高橋千夏
　　　・髙橋友貴・山本翔太・加藤彩花

■高瀬山の考古学 II―弥生時代から中世―　山形県立うきたむ風土記の丘考古資料館　2023 年 6 月　A4 判　59 頁

■福島県文化財センター白河館研究紀要　第 21 号　公益財団法人福島県文化振興財団　2023 年 3 月　A4 判　60 頁
収蔵資料の非破壊構造調査
　　　　　勝川若奈・福田秀生
まほろん収蔵の土製円盤について
　　　　　　　　　　　河西久子
製鉄遺跡の放射性炭素年代
　　　　　　　　　　　門脇秀典

考古学界ニュース

九州地方・・・・・・・・・・・・・・・・・・

熊本大学構内から周溝墓発見，黒髪町遺跡　熊本大学埋蔵文化財センターの調査により，黒髪町遺跡（熊本市黒髪町）から新たに弥生時代の周溝墓や古代律令制下の駅伝制に関わると考えられる遺構が発見された。甕棺墓の周囲は4条の溝で囲まれており，熊本県下では類例の少ない墳丘を持つ弥生時代の周溝墓であった可能性がある。本調査地点から北西約60m地点では，過去にも甕棺墓が複数基見つかっている。また，掘立柱建物や南北に延びる溝などの古代の遺構が発見された。2002年には本調査地点の北東側で，南北方向に延びる古代官道の側溝らしき遺構が確認されており，その位置関係からも今回見つかった遺構が『延喜式』に見える「蚕養駅」に関連する可能性が高い。

鷹島海底遺跡で木製の構造物発見　松浦市教育委員会の調査により，鷹島海底遺跡（長崎県松浦市鷹島町神崎免地先海域）から，船の一部とみられる木製の構造物が確認された。同遺跡ではこれまでに2隻の元寇船が発見されており，今回は2隻目の発見地点から50mほど離れた水深約18mの海底を1mほど掘って発見した。周囲からは船の積載物と考えられる13世紀後半から14世紀前半の中国製の壺や皿も出土した。鷹島沖では，1281年の弘安の役で元寇船約4400隻が暴風雨により壊滅した。一帯からは，いかりやてつはうなど4,000点あまりが出土している。

中国地方・・・・・・・・・・・・・・・・・・

青谷上寺地遺跡で新たに人骨350点出土　鳥取県による発掘調査の結果，青谷上寺地遺跡（鳥取市青谷町）から新たに人骨350点，少なくとも10体分が出土した。今回発掘されたのは，2000年度の調査で大量の人骨が出土したSD38と呼ばれる溝の一部で，人骨は幅約7m，深さ約60cmの溝が埋まりきる直前に埋没している。成人の骨のほか，2〜5歳の幼児など若年層の骨がまとまって出土した。また，弥生時代終末期の木製品も大量に出土した。そのうち琴は「雲角」という弦を支える部分が残っており，国内でも例を見ない。青谷上寺地遺跡は弥生時代から古墳時代前期にかけての港湾集落遺跡。これまでの調査で，100体を超える人骨や木製品が良好な状態で発見されている。

近畿地方・・・・・・・・・・・・・・・・・・

横穴式石室から副葬品，舟塚古墳　斑鳩町教育委員会と奈良大学による調査の結果，舟塚古墳（奈良県生駒郡）が6世紀後半の片袖式の横穴式石室をもつ古墳であることが明らかになった。墳丘部の直径は現状で約8.5m，天井石は抜き取られている。玄室は長さ約3.8m，幅約1.6mで，奥壁は5段以上の石材が積まれていた。石室内からは鉄刀2点，馬具類3点，玉類12点，土器類37点が出土。玄室の規模や出土品から，斑鳩地域の有力者が埋葬されていたと考えられる。

西大寺旧境内で弥勒金堂の遺構確認　奈良文化財研究所の調査によって，西大寺旧境内（奈良市西大寺小坊町）から8世紀後半創建当初の弥勒金堂の遺構が確認された。調査範囲は50㎡で弥勒金堂の北東隅にあたる。建物の土台となる基壇は厚さ約20〜60cmほど残り，礎石を抜き取った穴が6基並んで検出された。さらに，地盤を強化する壺地業の痕跡も確認された。柱の間隔は推定3.6〜4.2m。また，全体の規模を検討した結果，東西約32m，南北約20mとする「西大寺資財流記帳」の記述とも矛盾しないことが判明した。

西大寺は称徳天皇の発願で，東大寺に並ぶ西の大寺として765年に造営が開始された。弥勒金堂は『続日本紀』などの記述から770年頃に完成したとされるが，平安時代に衰退し，その後は再建されなかったという。現在の境内は鎌倉時代に再興された部分で東塔跡が残る。

洲本城跡で石塁と鬼瓦の破片　洲本市教育委員会が行った発掘調査によって，洲本城本丸搦手西側（兵庫県洲本市小路谷）から新たに石塁と鬼瓦の破片が発見された。石塁は幅約1.8m，高さ約1.5m，長さ15mほどで，石塁上には土塀があったと考えられる。鬼瓦には，戦国期に洲本城を改修した脇坂氏の家紋である輪違い紋があしらわれた瓦が含まれていた。洲本城に天守があったかどうかは定かではないが，今回複数の鬼瓦の破片が出土したことから，天守が築かれていた可能性が高まった。洲本城は標高約130mの三熊山一帯に広がり，豊臣秀吉配下の脇坂安治が現在の形に改修した。現在天守台には模擬天守（1929年建築）が建っている。

戦国時代の石垣発見，阿弥陀寺遺跡　（公財）滋賀県文化財保護協会による調査で，阿弥陀寺遺跡（近江八幡市北津田町・島町）から15世紀末から16世紀前半にかけて築かれたとみられる石垣が発見された。遺跡北東側の斜面約850㎡を発掘したところ，石垣が5ヵ所で，石積みが2ヵ所で確認された。このうち状態の良い石垣は長さ約14m，高さ約1.5mほどで，主に自然石を用いる野面積みで築かれていた。石垣内部の排水を円滑にするための裏込石の間から土器や陶磁器などが出土したことで，年代が明らかになった。同市の水茎岡山城（1508〜1525）は近江で石垣を取り入れた最初期の城郭の一つとされるが，今回発見

された石垣と水茎岡山城の石垣とは積み方や規模が類似しており，山岳寺院から城郭へ石垣構築技術が取り入れられる過程を示すと考えられる。

中部地方

鎌倉時代の溝から武士の遺物，茶院A遺跡　新潟市文化財センターが進める調査によって，茶院A遺跡（西蒲区打越）から古墳時代，奈良・平安時代，鎌倉時代の遺構が発見された。調査範囲は約1,800㎡。平安時代の土器類が多く出土したことに加え，今回初めて鎌倉時代の遺構が見つかった。幅約6mを超える溝からは鉄鏃や刀子の柄と鞘などが出土し，武士の存在を示唆する。また，能登半島でつくられた珠洲焼や漆器椀・箸などの木製品，鉄鍋・銭貨などが出土した。同遺跡ではこれまでにも奈良時代後半の掘立柱建物跡や墨書土器などが出土している。

関東地方

北谷遺跡で古墳時代の豪族居館を囲う柵跡　高崎市教育委員会の発掘調査で，古墳時代の豪族居館である北谷遺跡（群馬県高崎市引間町）から居館本体を囲う柵の柱跡が確認された。居館の本体は平面が一辺90mの方形で，幅約30m以上，深さ3m以上ある大規模な濠を巡らせた構造。今回見つかった柱穴は直径約20㎝，深さ約70㎝で，居館本体の西辺で確認された。同様の柵の跡がある同市の豪族居館の三ツ寺I遺跡との関連が指摘される。北谷遺跡は榛名山東南裾野に位置する5世紀の豪族居館で，これまでに竪穴建物などが確認されている。

東北地方

仙台城跡で大手門の礎石と考えられる遺構発見　仙台市教育委員会が進める発掘調査で，仙台城（宮城県仙台市青葉区川内）大手門の礎石と考えられる遺構と雨落ち溝が検出された。古写真などで明らかとなっている大手門の推定地から，礎石を据えるための根固めを3ヵ所で確認。大手門脇櫓の西側では，大手門や脇櫓に付属する雨落ち溝と考えられる石組の側溝を発見した。仙台城大手門は1945年の仙台空襲で焼失。1963年には脇櫓が再建された。

縄文後期の盛土遺構を調査，八天遺跡　北上市立埋蔵文化財センターが進める発掘調査により，八天遺跡（岩手県北上市更木）で大規模な盛土遺構が確認された。集落をはさんだ北と南の緩斜面に分布し，南盛土の規模は南北約46m，東西約38m以上であることが判明した。また，台地の西側では多量の炭化物を含む柱穴が確認され，その下層から腕輪形土製品が出土した。同遺跡は縄文時代後期の葬墓に関連する集落跡で，これまでの調査で大形円形建物跡や耳・鼻・口形土製品を副葬した墓坑などが確認されている。

学会・その他

第11回角田文衛古代学奨励賞発表　第11回角田文衛古代学奨励賞を新尺雅弘氏（大阪府教育庁文化財保護課技師）が受賞された。藤原宮造営時の瓦の遠隔地生産に着目し，瓦当面に残された范傷の子細な観察と詳細な分析から後の律令税制に基づいて瓦を徴発していた可能性を指摘。古代国家成立期におけるモノの流れの一形態を古代瓦の詳細な分析から明らかにした点が高く評価された。角田文衛古代学奨励賞は，季刊『古代文化』への投稿論文から秀作を選んで表彰し，古代史研究の奨励と若手研究者を支援することを意図した論文賞。

史跡の新指定　文化審議会（佐藤信会長）は，十五郎穴横穴群（茨城県ひたちなか市）など9件を史跡として指定するように文部科学大臣に答申した。そのほかの新指定は以下の通り。○姉小路氏城跡・古川城跡・小島城跡・野口城跡・向小島城跡・小鷹利城跡（岐阜県飛騨市）○三河国府跡（愛知県豊川市）○尾高城跡（鳥取県米子市）○広島原爆遺跡（広島県広島市）○西条酒蔵群（広島県東広島市）○勝賀城跡（香川県高松市）○博多遺跡（福岡県福岡市）○菊池氏遺跡（熊本県菊池市）。

「破片をカタチに」　1月16日から，沖縄県立埋蔵文化財センター（沖縄県中頭郡西原町上原193-7，Tel：098-835-8751）にて出土品展が開催される（3月3日まで）。火災によって崩れ落ちたとみられる建物跡の中から発見された陶磁器の破片。文化財としての価値を損なわないように行う「復元作業」に焦点を当てる。

「発掘された菊池氏遺跡」　2023年11月25日から，わいふ一番館（熊本県菊池市隈府1番地2，Tel：0968-24-6630）にて企画展が開催されている（3月24日まで）。11世紀から16世紀初期まで肥後国武士団のトップであり続けた菊池氏。深川一帯では船着場と想定される石組遺構が，北宮館跡からは掘立柱建物などが発見された。国史跡答申を記念して，菊池氏遺跡の調査成果を紹介する。

「吉備の大古墳展」　2023年12月1日から，岡山シティミュージアム5階展示室（岡山県岡山市北区駅元町15-1，Tel：086-898-3000）にて企画展が開催される（2月12日まで）。全長100mを超える大型古墳が集まり，吉備地方の中心であった現在の岡山市。金蔵山古墳や造山古墳群での調査結果をもとに，大和政権に匹敵する古墳を築き，大王へ反乱した伝承のある吉備の古代を探る。

「和鏡」　1月13日から，八雲

立つ風土記の丘（島根県松江市大庭町456，Tel：0852-23-2485）にて企画展が開催される（3月11日まで）。弥生時代に大陸から伝わり古墳の副葬品として用いられるなど，特別な役割を持っていた鏡。弥生，古墳時代の鏡を前史とし，主に奈良時代から江戸時代の「和鏡」と呼ばれた鏡を展示する。

「中世の埋蔵銭—公智神社出土銭と石在町出土銭—」 2023年12月5日から，西宮市立郷土資料館（兵庫県西宮市川添町15-26，Tel：0798-33-1298）にて特集展示が開催されている（2月4日まで）。1974（昭和49）年に市内で相次いで出土した中世の埋蔵銭，公智神社出土銭と石在町出土銭について紹介する。

「井戸尻と藤森栄一 —その言葉，そのまなざし—」 2023年12月19日から，井戸尻考古館（長野県諏訪郡富士見町境7053，Tel：0266-64-2044）にて企画展が開催されている（3月20日まで）。郷土出身の考古学者・藤森栄一の没後50年の節目に際し，その言葉や研究に焦点を当て，人物像や井戸尻の研究に与えた影響を紹介する。

「発掘！新潟の遺跡2023」 1月12日より，新潟県埋蔵文化財センター（新潟県新潟市秋葉区金津93番地1，Tel：0250-25-3981）にて企画展が開催される（3月20日まで）。2023年度に調査した新潟県内の遺跡の調査成果を，出土品や写真で解説する。また，丘江遺跡から出土した中世の金箔が押された木製卒塔婆が保存処理後初めて公開される。

「あれもEこれもE—加曽利E式土器（外房地域編）—」 2023年12月12日から，加曽利貝塚博物館（千葉市若葉区桜木8-33-1，Tel：043-231-0129）にて企画展が開催されている（3月10日まで）。およそ5,000～4,500年前に関東地方で流行した加曽利E式土器。その成立と変遷過程の解明を目的とし，外房地域から出土した加曽利E式土器を展示。千葉市内の資料との特徴の違いに焦点を当て，地域性を探る。本展は2018年よりスタートした加曽利E式土器をテーマとした連続企画展の6回目。

「令和5年度最新出土考古資料展」 2023年10月2日から，印旛郡市文化財センター考古資料展示室（千葉県佐倉市春路1-1-4，Tel：043-484-0126）にて企画展が開催されている（6月21まで）。26回目となる今回は，縄文時代の集落とフラスコ状土坑が確認された寺下前遺跡，土塁脇で障子堀が確認された中世城郭・東作遺跡，近世の居住空間が重層的に確認された新町遺跡を紹介する。

「弔いのかたち—墓から探る群馬の弥生時代—」 2023年12月16日から，かみつけの里博物館（群馬県高崎市井出町1514，Tel：027-373-8880）にて特別展が開催されている（2月29日まで）。関東で本格的な水田稲作が始まった弥生時代，群馬県地域では様々な形式の墓が造られた。多様化していく墓には，当時の社会のどのような側面が反映されているのか。墓の跡が確認された遺跡と出土品を紹介し，群馬県域の弥生時代社会について考える。

「祝！ 十五郎穴が国指定史跡へ」 2023年11月1日から，ひたちなか市埋蔵文化財センター（茨城県ひたちなか市中根3499，Tel：029-276-8311）にて特別展が開催されている（1月28日まで）。7世紀前葉から造営が始まった十五郎穴横穴墓群は，未知のものも含めると総数500基以上と推定される東日本最大級の横穴墓群。国指定史跡になる見込みとなったことを記念し，これまでの保存活動と調査についての歩みや，市指定文化財の大刀と刀子を展示する。

「古代陸奥国磐城郡—根岸官衙遺跡群とその時代—」 2023年12月9日から，いわき市考古資料館（福島県いわき市常磐藤原町手這50-1，Tel：0246-43-0391）にて企画展が開催されている（3月31日まで）。律令体制下のいわき地方は陸奥国磐城郡に属し，郡内には12の郷があった。磐城郡内での発掘調査成果を通して，古代のいわき地方の成り立ちを探る。

「縄文・かたちの美—是川遺跡の土製品—」 2023年12月16日から，八戸市埋蔵文化財センター是川縄文館（青森県八戸市大字是川字横山1，Tel：0178-38-9511）にて企画展が開催されている（3月24日まで）。是川遺跡から出土した縄文時代の土製品に焦点を当て，その形や模様のデザインの多様性を紹介する。

「『美々4式』を再考する—縄文時代晩期初頭の土器群—」 2023年12月2日から，北海道埋蔵文化財センター（北海道江別市西野幌685番地1，Tel：011-386-3231）にて企画展が開催されている（2月25日まで）。北海道埋蔵文化財センターにより約四半世紀ぶりに美々4遺跡の調査が再開された。これによりかつて「美々4式」とされた晩期初頭の土器を再検討するためのデータが充実しつつある。「美々4式」の標式資料と恵庭市西島松5遺跡の土壙墓より出土した当該期の土器を展示し，晩期初頭の土器群について最新の知見をもとにした解説する。

「ユーコン・ファーストネーションの伝統的アート様式」 2月3日から，北方民族博物館（北海道網走市字潮見309-1，Tel：0152-45-3888）にて企画展が開催される（4月7日まで）。北アメリカ北西部を流れるユーコン川。流域の先住民（ファーストネーション）のアートの歴史，その多様性に焦点を当てる。

• 編集室より

🖊 本特集号では，近年分析事例や研究成果が進んでいるDNAと考古学の最新研究を取り上げた。主に2018年から始まった文部科学省新学術領域研究（研究提案型）「ゲノム配列を核としたヤポネシア人の起源と成立の解明」（代表：斎藤成也）の成果をまとめていただいた。

🖊 DNA分析の大幅な進歩により，日本人の形成過程や，弥生時代開始期における渡来人の実像，動・植物の渡来やアズキのドメスティケーションなど，これまで研究史上の課題とされてきたテーマについて，具体的に検討できる段階になってきた。本特集号には，核ゲノム分析の登場によって大きく学説が動いていく過渡期の面白さが詰まっている。

🖊 もちろんDNA分析の限界もある。資料的制約や方法論的な課題を正しく認識したうえで，分析事例や研究成果が積み重なることが期待される。

🖊 連載「考古学の旬」では，渡来人論の現在地を総合的にまとめる。また，連載「私の考古学史」では小林達雄氏に考古学人生を振り返っていただいた。

🖊 次号は，近年発掘調査や研究が進む韓国考古学の最新成果をもとに日韓交渉の基礎資料をまとめる。ご期待ください。　　　　　　　　　　　　　　（桑門）

• 本号の編集協力者

藤尾慎一郎（国立歴史民俗博物館教授）

1959年福岡県生まれ。広島大学文学部史学科考古学専攻卒業，九州大学大学院文学研究科博士後期課程単位修得退学。博士（文学）広島大学。主な著書に『弥生変革期の考古学』（同成社，2003），『縄文論争』（講談社，2002），『弥生文化誕生』（共編著，同成社，2009），『新弥生時代』（吉川弘文館，2011），『弥生文化像の再構築』（吉川弘文館，2013），『弥生ってなに?!』（国立歴史民俗博物館，2014），『弥生時代の歴史』（講談社，2015），『再考！縄文と弥生』（吉川弘文館，2019），『ここが変わる！日本の考古学』（共編著，吉川弘文館，2019），『日本の先史時代』（中央公論新社，2021）などがある。

• 本号の表紙

愛知県朝日遺跡で見つかった前6世紀の渡来系弥生人

伊勢湾沿岸地域でもっとも古い水田稲作民のむらの一つである朝日遺跡から見つかった渡来系弥生人である。炭素14年代測定と核ゲノム分析の結果，前6世紀後半の渡来系弥生人であることがわかった。現状で核ゲノムがわかっているもっとも古い渡来系弥生人である。在来（縄文系）弥生人と混血した痕跡がみられず，渡来系弥生人のなかでも現代の華北の人びとの核ゲノムにもっとも近い。いわゆる二重構造モデルを見直す鍵を握っている人物である。この地方に水田稲作をもたらした人のなかに，渡来系弥生人が含まれていたことを示すもっとも確実な考古学的な証拠の一つといえるだろう。

（藤尾慎一郎）（公財 愛知県教育・スポーツ振興財団愛知県埋蔵文化財センター提供）

▶本誌直接購読のご案内◀

『季刊考古学』は一般書店の店頭で販売しております。なるべくお近くの書店で予約購読なさることをおすすめしますが，とくに手に入りにくいときには当社へ直接お申し込み下さい。その場合，1年分の代金（4冊，送料当社負担）を郵便振替（00130-5-1685）または現金書留にて，住所，氏名および『季刊考古学』第何号より第何号までと明記の上当社営業部まで送金下さい。

季刊 考古学　第166号　　　2024年2月1日発行
ARCHAEOLOGY QUARTERLY　　　定価（本体2,400円＋税）

編集人　　桑門智亜紀
発行人　　宮田哲男
印刷所　　株式会社ティーケー出版印刷
発行所　　㈱雄山閣　http://yuzankaku.co.jp
〒102-0071 東京都千代田区富士見2-6-9
電話03-3262-3231　Fax.03-3262-6938　振替00130-5-1685

◆本誌記事の無断転載は固くおことわりします

ISBN 978-4-639-02961-8　printed in Japan

Archaeology and DNA

CONTENTS

Published by **YUZANKAKU, Inc.**

2-6-9, Fujimi-cho, Chiyoda-ku, Tokyo 102-0071
URL http://yuzankaku.co.jp E-mail info@yuzankaku.co.jp
TEL +81-3-3262-3231 FAX +81-3-3262-6938

ISBN 978-4-639-02961-8

printed in Japan

幸泉満夫 著

対馬暖流をめぐる先史時代の土器文化

列島に、未知の土器文化帯が潜在!!

縄文時代の後半、対馬暖流に沿う東西約 600 kmの範囲に、これまで考古学界が把握できてこなかった未知の土器文化帯が潜在していた。

"文様のない土器" を新たなキーワードに、大陸・韓半島と日本列島との新たな接点を、独自の視点から徹底追跡する。構想 20 余年…著者がその半生を捧げた渾身の著書、ついに、発刊!!

■B5 判 上製・カバー　576 頁　価格 24,200 円（税込）

第Ⅰ部 対馬暖流ベルト地帯と新たな課題の設定
第 1 章 対馬暖流ベルト地帯／第 2 章 西日本の無文系土器をめぐる課題と関連学史／第 3 章 西日本内部の小地域区分と各基準の設定

第Ⅱ部 対馬暖流ベルト地帯内部における各地の様相
第 1 章 韓半島東南部域／第 2 章 北部九州沿岸域／第 3 章 山陰中部域／第 4 章 北陸西部域

第Ⅲ部 対馬暖流ベルト地帯周縁の様相
第 1 章 東西瀬戸内域／第 2 章 東南四国域／第 3 章 南四国域

第Ⅳ部 文様のない縄文土器と対馬暖流ベルト地帯
第 1 章 総括―新たに導かれた 17 のフェイズと大画期―／第 2 章 課題と展望

コラム①　下関市神田遺跡と対馬暖流ベルト地帯
コラム②　隠岐諸島と対馬暖流ベルト地帯
コラム③　北陸系土器と中期以前の対馬暖流ベルト地帯

■著者紹介
幸泉満夫（こいずみ みつお）
2004 年　博士（文学 広島大学）
現　　在　国立大学法人 愛媛大学法文学部准教授

本書と関連する主な業績
「西日本縄文後期土器組成論」『考古学研究』第 48 巻第 3 号（考古学研究会、2001 年）、「土器底部形態にみる縄文時代後期社会の小地域性」『四国とその周辺の考古学』（犬飼徹夫先生古稀記念論集刊行会、2002 年）、「山陰地方における縄文時代後期社会の小地域性」『考古論集』（河瀬正利先生退官記念事業会、2004 年）、「北部九州にみる縄文時代後晩期社会の小地域性」『古文化談叢』第 62 集（九州古文化研究会、2009 年）、『西日本の縄文土器』（共著、真陽社、2010 年）、「西日本在地系縄文土器の研究」『縄文時代』第 23 号（縄文時代文化研究会、2012 年）、「津雲 A 式土器の型式学的研究」『古文化談叢』第 71 集（九州古文化研究会、2014年）、「彦崎K1式土器の型式学的研究」『古文化談叢』第75集（九州古文化研究会、2016年）、「谷尻系土器群の研究（上）・（下）」『縄文時代』第 30・31 号（縄文時代文化研究会、2019・2020 年）、『縄文農耕論と関連考古学史 죠몬 농경론과 관련 고고학사 』（日本学術振興会科学研究費（基盤研究C）成果学術書Ⅰ、2021 年）、「岩田系土器群の研究」『古文化談叢』第 88 集（九州古文化研究会、2023 年）、『縄文時代の終焉』（共著、雄山閣、2023 年）など